*Símbolos que representam
a si mesmos*

FUNDAÇÃO EDITORA DA UNESP

Presidente do Conselho Curador
Mário Sérgio Vasconcelos

Diretor-Presidente
Jézio Hernani Bomfim Gutierre

Superintendente Administrativo e Financeiro
William de Souza Agostinho

Conselho Editorial Acadêmico
Danilo Rothberg
Luis Fernando Ayerbe
Marcelo Takeshi Yamashita
Maria Cristina Pereira Lima
Milton Terumitsu Sogabe
Newton La Scala Júnior
Pedro Angelo Pagni
Renata Junqueira de Souza
Sandra Aparecida Ferreira
Valéria dos Santos Guimarães

Editores-Adjuntos
Anderson Nobara
Leandro Rodrigues

ROY WAGNER

Símbolos que representam a si mesmos

Tradução
Priscila Santos da Costa

editora
unesp

© 1986 The University of Chicago. Todos os direitos reservados.
© 2017 Editora Unesp

Título original: *Symbols That Stand for Themselves*
Licensed by The University of Chicago Press, Chicago, Illinois, U.S.A.

Direitos de publicação reservados à:

Fundação Editora da Unesp (FEU)
Praça da Sé, 108
01001-900 – São Paulo – SP
Tel.: (0xx11) 3242-7171
Fax: (0xx11) 3242-7172
www.editoraunesp.com.br
www.livrariaunesp.com.br
atendimento.editora@unesp.br

Dados Internacionais de Catalogação na Publicação (CIP)
Vagner Rodolfo CRB-8/9410

W132s
Wagner, Roy
    Símbolos que representam a si mesmos / Roy Wagner; traduzido por Priscila Santos da Costa. – São Paulo: Editora Unesp, 2017.

    Tradução de: *Symbols That Stand for Themselves*
    ISBN: 978-85-393-0714-2

    1. Antropologia. 2. Símbolos. 3. Wagner, Roy. I. Costa, Priscila Santos da. II. Título.

2017-566
CDD 301
CDU 572

Editora afiliada:

Para o meu filho Jonathan

Sumário

Prefácio . *IX*

1 Introdução . *1*

2 Muito precisos para ser colocados em palavras . *19*

3 A metáfora disseminada: a holografia do sentido . *45*

4 Morte na pele: mortalidade e reversão figura-fundo . *77*

5 Época: Tempo real e irreal . *107*

6 O símbolo nuclear ocidental . *127*

7 Conclusão: o tropo de terceira ordem e a condição humana . *165*

Referências . *187*

Índice remissivo . *191*

Prefácio

Este livro é sobre o sentido como poder organizador e constitutivo na vida cultural. Seu argumento é de que o fenômeno humano é uma ideia única e coerente, organizada mental, física e culturalmente em torno da forma de percepção que chamamos de "sentido". Essa ideia possibilita uma perspectiva em desdobramento, simples e unificada, em vez do mosaico explanatório gerado pela colisão acidental entre um fenômeno genérico conhecido e disciplinas acadêmicas particulares. O tropo ou metáfora – aquele aspecto da expressão que é menos tangível ou mensurável – equivale ao germe de uma disseminada tendência processual. Uma espécie de involução da autorreferência, a tendência é formal e sistemática, para além de conteúdos simbólicos particulares.

Decerto o sentido não é um intangível flutuante, mas sim um fenômeno que está em determinada relação com as convenções da cultura. Exatamente como isso ocorre, de que maneiras e por meio de que formas de mediação, há muito tem sido objeto de especulação e controvérsia. A maior parte das tentativas de resolução anseia ancorar o fenômeno em meio ao

IX

Roy Wagner

manipulável e acessível – as sintaxes, as gramáticas e as categorias do dizer, a necessidade e a produtividade do fazer.

É inequívoco que, se o sentido como expressão e percepção for contingente às formas culturais, há aqui uma relação que requer nossa atenção. Pois a relação configura as capacidades e limitações da própria cultura humana. Os especialistas que abordam o sentido por meio de sua própria "ciência" têm insistido, de forma mais ou menos eclética, que o sentido é um efeito dos signos – codificações ou funções abstratas que podem ser utilizadas para racionalizar toda a questão como uma espécie de ordem epifenomenológica.

Essa definição fictícia ou operacional tem como efeito a subordinação do sentido aos signos, e transforma os estudos do sentido em exercícios de semiologia ou semiótica, uma ciência dos signos e suas ordenações. Eu argumento que tal abordagem tende a restringir o sentido de nomear as coisas à nomeação dos sentidos, ou seja, a refletir, de forma inadvertida, o convencionalismo e a racionalidade do procedimento acadêmico dentro de seu objeto de estudo. Por isso proponho, em *A invenção da cultura*, que a eliciação interpretativa de sentidos, que chamo de "invenção", pode ser considerada como tendo vida própria, sendo capaz de modelar o uso de convenções culturais para seus próprios fins. Ela está, na verdade, encerrada em uma relação dialética com a convenção cultural, e devemos prestar atenção nessa dialética se quisermos compreender plenamente a expressão humana e a motivação cultural.

Para muitos leitores de *A invenção da cultura*, isso pode ter parecido uma pressuposição injustificada – muito próxima, talvez, da crença de que o sentido é uma "caixa-preta" e um intangível flutuante. Que a dialética da invenção e da convenção

X

Símbolos que representam a si mesmos

é base plausível para o sentido e a motivação cultural, para a qual ela serve como base e na qual baseia o tratamento do individual e do coletivo, pode parecer claro o suficiente para os leitores perspicazes daquela obra. Que essas operações possam ser extrapoladas para questões culturais mais amplas também faz parte daquela mensagem; a menos que seja demonstrada, no entanto, tal extensão pode parecer uma pressuposição injustificada.

Talvez este seja um dilema familiar para muitos que aceitaram a natureza eliciatória do tropo: como metáfora, metonímia ou o que for, ele elicia sentido. Porém, enquanto a eliciação for apenas uma função de expressões locais e epigramáticas, ao invés de um efeito organizador total, a cultura será uma malha de tropos costurada em uma "estrutura" convencional, categorias e outros dispositivos convencionalizantes. Se quisermos compreender o envolvimento do sentido, como fenômeno, na cultura, então será necessário demonstrar de que modo o próprio tropo pode operar como um princípio organizador.

Mas a natureza do tropo faz deste um problema intimidador difícil de superar, para dizer o mínimo. Pois o tropo – como metáfora, metonímia ou o que seja – é, em essência, não mensurável e paradoxal. Mostrar como o tropo organiza a cultura é mostrar como o paradoxo o faz, e o paradoxo tem funcionado, na vida moderna, na imagética literária, na contracultura *camp* e *zen*, meramente como meio de *parar* procedimentos convencionais, sacudindo-os à autoconsciência. A organização deve, com certeza, ser feita com material mais rígido. Afinal de contas, podemos desfrutar das deliciosas ironias da metáfora até a exaustão ou nos deixarmos nocautear pelos ambiciosos golpes dos mestres *zen*, sem que o *koan* jamais ascenda ao *satori* que mudará nossas vidas. Ironia, não importa quão rebuscada, não é explanação nem explicação.

A estratégia deste livro é mostrar, com exemplos retirados de minha pesquisa na Nova Guiné e da articulação de símbolos "nucleares" da história ocidental, como o efeito essencialmente paradoxal do tropo se expande de um jogo com "pontos de referência" tradicionais para um organizador de enquadramentos culturais. De fato, ele se expande para além daquele nível que chamarei de "potências" mais elevadas do tropo, e acaba fechando-se sobre si mesmo, para criar sua própria condição de base – a individualidade da percepção e a pluralidade da "incorporação" coletiva.

A holografia que retém as propriedades do tropo ao longo dessa expansão é melhor exemplificada pela forma processual recursiva que chamei de *obviação*. A obviação se manifesta como uma série de metáforas substitutivas que constituem o enredo de um mito (ou a forma de um ritual), em um movimento dialético que se fecha ao retornar a seu ponto inicial. Portanto, um mito é uma expansão do tropo, e a obviação, como processo, é paradoxal porque os sentidos eliciados em seus sucessivos tropos se realizam apenas no processo de sua exaustão e são exauridos no processo de sua realização.

A ordem e a referencialidade da linguagem, e a iconicidade da percepção pessoal não podem nunca, em si mesmas, ser determinantes absolutos do sentido, pois apenas conhecemos cada uma delas pela mediação da outra. O excesso de precisão ao defini-las como "funções", ou ao metodologizá-las, dá um ar de profissionalismo – mas não mais que isso – à nossa compreensão do sentido. O sentido é constituído no limiar da palavra e da imagem perceptual completa, e utilizei um "me-

Símbolos que representam a si mesmos

taformato" de diagramas, um intermédio entre abstração e imagem representacional, para ilustrar o processo de obviação. Entretanto, a "triangulação" deles apenas é "estrutura" porquanto é obviação; é uma ferramenta navegacional, por assim dizer, para capturar a paralaxe do sentido conforme ele avança para além de nossa compreensão.

A abordagem que escolhi neste livro é "dialética" (ao invés de "algorítmica") no sentido matemático, o que significa que ela lida com as condições constitutivas ou "existenciais" de seu tema em vez de lidar com cadeias causais ou com arbitrações entre glosas descritivas alternativas. O "escalonamento", ou eliciação, de uma questão *contém* a questão em muitas formas possíveis ou alternativas, mas concerne a algo completamente diferente de achar o "valor de verdade" ou o status proposicional da questão. Assim, a evidência tem como objetivo, na maioria das vezes, ilustrar ou exemplificar (em vez de "provar") o modelo sugerido. Os materiais utilizados como evidência provêm de um corte transversal amplo e heterogêneo da literatura: materiais coletados entre os Daribi na Papua-Nova Guiné, o estudo iconográfico dos Walribi da Austrália, feito por Nancy Munn, discussões sobre os conceitos de tempo e a tecnologia ocidental, um panorama de tópicos históricos relevantes para as simbolizações "nucleares" da religião medieval e da filosofia secular moderna e, finalmente, algumas questões evolucionárias envolvendo o corpo e o cérebro humanos.

Uma versão prévia do Capítulo 4 foi lida na Universidade Brown em setembro de 1983 e a discussão que se seguiu dali foi, em muitos aspectos, germinal à versão final. Agradeço sobretudo a Lina Fruzzetti, Akos Östör e Harriet Whitehead pela perspicácia. Muitos outros amigos ajudaram, de uma forma

XIII

Roy Wagner

ou outra, a eliciar essas ideias, e especialmente Victor Turner, Stanley Walens, Fitz-John Porter Poole, Marilyn Strathern, James F. Weiner e John Napora merecem meu agradecimento. Por fim, sinto-me mais agradecido do que posso colocar em palavras por aqueles cujos esforços foram *constitutivos* deste livro: Davis Schneider, um mentor cujo incentivo, interesse e suporte beiram a devoção; Mary Alice Carter, a deusa do sol deste trabalho; e minha "Antonie Brentano", Nancy-Sue Ammerman.

1
Introdução

O que são os símbolos, para termos de nos preocupar com eles? Com certeza, não são algo que "os nativos" contaram para os antropólogos, ainda que, muitas vezes, eles sejam francos com relação ao que chamamos de "seu conteúdo". Parece-me, antes, que eles são algo que pensamos ter tudo a ver com os nativos. Seriam os símbolos, então, um tipo de doença da civilização que nós, ao oferecer auxílio, como muitas "Marias Tifoides",[1] inadvertidamente comunicamos aos nativos? Ou, ao contrário, seria a própria civilização uma doença dos símbolos, como sugeriu Max Muller ao dizer que o mito é uma doença da linguagem? O produto mais visível da interação de quem faz trabalho de campo tem a ver com a linguagem, e a possibilidade de que as ciências sociais, com seus jargões intrincados, sejam elas mesmas uma doença da linguagem é uma

---

1 Mary Mallon (23 de setembro de 1869, Cookstown, Condado Tír Eoghain [Tyrone, em inglês], Irlanda do Norte – 11 de novembro de 1938, Nova York), também conhecida como Maria Tifoide, pelo fato de, mesmo quando já estava (praticamente) saudável, ter continuado a transmitir a doença.

Roy Wagner

questão que às vezes tem sido levantada por céticos do Terceiro Mundo ("mistificação" é o epíteto da moda). Mas a linguagem, dizem, é algo sobre o qual todos sabemos; ela é essencialmente simbólica. Da mesma forma que o dinheiro, como já sabemos. E assim retornamos à questão original. Seriam os símbolos a unidade monetária acadêmica, uma moeda cunhada por indústrias de conhecimento pós-coloniais para que, fazendo uso do imenso capital acumulado de literaturas, filosofias e "fatos" estabelecidos, pudéssemos comprar a produção semântica dos não tão coincidentemente chamados "objetos" de pesquisa? O dinheiro, contanto que seja nosso, é o único objeto de troca que o aspirante a empreendedor precisa oferecer aos nativos; o resto toma conta de si mesmo, pois a casa nunca perde.

Admitido que esse seja o caso, seria realmente o momento para novas cunhagens, denominações reavaliadas e reemitidas que revelarão o "verdadeiro" valor do dinheiro ao tornar suas ordens e, talvez, até suas doenças mais explícitas? Será que precisamos de uma moeda inflacionária? Talvez necessitemos dela na Economia, uma vez que esse é um velho truque dos Césares, de velhas civilizações que são levadas à penhora. Ainda que a credibilidade não seja salva, ao menos seu fim é postergado, fazendo as pessoas recomeçarem a contar tudo de novo. (E a casa nunca perde.) Mas isso não ajudará a moeda dos símbolos, pois gerar novas denominações de funcionamento semiótico servirá apenas para compor o interesse da dívida, transformando a denominação do problema em uma função do problema da denominação.

Em seu estudo sobre o narcisismo moderno, *O declínio do homem público*, Richard Sennett relaciona a "inflação" aos problemas sociais:

Símbolos que representam a si mesmos

Falamos de símbolos como tendo "referentes", por exemplo, como tendo "antecedentes". O símbolo facilmente perde a realidade de seu próprio uso: "Quando você diz aquilo, ou usa aquela palavra, o que você realmente quer dizer é...", e assim por diante. Uma das origens sociais da decodificação de símbolos remonta a um século, com a interpretação das aparências que passou a ser feita nas cidades do século XIX: a aparência é um disfarce para o verdadeiro indivíduo escondido dentro dela.[2]

A penetração simbólica e hermenêutica, a "decodificação" da vida convencional são, para Sennett, o concomitante sociológico de uma era que perdeu confiança e credibilidade em um sistema de signos públicos convencionais; portanto, a vida social torna-se simbólica quando não pode mais ser plausivelmente social. Se, por assim dizer, os romanos imperiais tiraram proveito de sua própria descrença abatendo personagens reais em mitos falsos diante do público, então uma sociedade que não acredita em sua própria linguagem pode, ao menos, contentar-se com teorias verídicas sobre a linguagem... ou sobre símbolos.

É claro que os símbolos, ou teorias simbólicas, são ao mesmo tempo mais antigos e mais modernos que a cidade do século XIX; o que o exemplo de Sennett sugere é uma razão pela qual símbolos são enfatizados na vida contemporânea. Que os símbolos devam ser vistos como crípticos e problemáticos, que a interpretação seja um auxílio necessário à análise, que os fundamentos e funcionamentos do sentido e da cultura humana estejam de alguma forma envolvidos com símbolos, ou

---

2 Sennett, *The Fall of the Public Man*, p.79.

com semântica ou semiótica, são todas preocupações centrais do nosso tempo. As expectativas e as contingências dessa questão encontram-se no âmago de empreendimentos filosóficos, de Wittgenstein a Husserl, de Sartre a Ricoeur, e são essenciais para o que chamamos de "antropologia simbólica". Mas também é significativo que o vaidoso e precoce retórico medieval Berengário de Tours tenha insistido, para espanto e consternação de seus colegas, que o Sacramento Sagrado nada era além de um símbolo, e que algo muito parecido com o estruturalismo – o "método" de Pierre de La Ramée[3] – tenha dominado a vida intelectual da Europa pré-iluminista. Como o dinheiro, e como Deus, os símbolos sempre estiveram presentes.

Na realidade, o que conta é o que fazemos deles. Se Deus, para Ramée e também para Berengário, estava, de alguma forma, misteriosamente *por trás* das coisas, etéreo e operando de forma assombrosa, então para os ocidentais modernos o dinheiro, assim como os símbolos, estão, de alguma maneira, *diante* das coisas, demasiado elementares para ser compreendidos de forma fácil ou comum. O marxismo, a economia e também a semiótica são um misticismo do exotérico.

Nosso mundo cotidiano considera pontos de referência como um dado, e as expectativas e valores que estes configuram – precisão, imputabilidade, predicabilidade, consistência, entre outros – enquadram os sentidos que residem "por trás" deles. Compreendendo "ponto" como uma unidade elementar, um fonema, um lexema, dito ou escrito, e "referência" no sentido duplo, tanto como um ícone fixo de orientação comum e algo que significa ao se referir a outra coisa, nossa preocupação

---

3 Ong, *Ramus:* Method and the Decay of Dialogue.

Símbolos que representam a si mesmos

com o sentido se transforma em uma ciência do sentido – em geral, uma linguística do sentido.[4] Como no caso de outros produtos, um valor é *atribuído* ao sentido, e a epistemologia se transforma na questão (científica) de saber como aquele valor opera. (Dessa forma, a civilização moderna, com suas atribuições de valor excessivamente confiantes, aplica a si mesma sua própria ciência social.)

O que instiga uma empreitada intelectual dessa natureza é saber em que medida o sentido *não* é uma economia simbólica nem de sistemas, assim como, é claro, a evolução pode não ser um Bolão Genético, nem a física um jogo de subscrever o seguro de partículas minúsculas. Unidades, elementos, sistemas combinatórios e tabelas periódicas nos deixam seguros para lidar com o universo fenomênico da mesma maneira precisa, confiável e previsível por meio da qual acreditamos cuidar de nosso próprio negócio. E se Deus, para parafrasear Einstein, não joga dados com o universo, o cientista que deseja se aproveitar do elusivo e do provocativo é obrigado a participar de um jogo itinerante com as definições. Como definir unidades – dinheiro, símbolos, partículas subatômicas – de forma que elas

---

4 Se a semântica e a semiótica fossem ciências experimentais de fato, como a física quântica, elas logo estariam aduzindo propriedades paradoxais aos signos e funções (movendo-se "regressivamente no tempo" como o pósitron, contendo "dimensões" supranumerárias, como algumas partículas pequenas, modelando propriedades numéricas, como o gráviton). Essas funções e propriedades são paradoxais porque apontam para as implicações de uma imagética que é rejeitada pelas condições definidoras do signo e da partícula. A física quântica não considera a *escala* da experiência humana, e tem de compensar por isso; a abordagem linguística do sentido não leva em consideração a escala do mundo no qual o sentido opera.

retenham credibilidade como pontos de referência (e também sua confiabilidade e predicabilidade) em um empreendimento teórico? Se isso não for possível, como definir ou esquematizar uma alternativa viável?

O estruturalismo se aproveita desse impasse transformando suas próprias definições (oposições verbais e sistemáticas) em unidades; críticas humanistas perspicazes e a semiótica levam a melhor por meio de caracterizações (e metáforas que, de acordo com Paul Ricoeur, é tudo que pode fazer jus a outras metáforas). Pontos de referência não são determinantes, apenas necessários, assim como o dinheiro tornou-se tão – contingencialmente – necessário que passou a ser impresso em papel, depois em livros, para então adquirir a função de uma máquina automática de números inteiros. Um jogo de redefinição que manobra tão habilmente os pontos de referência termina virando contra o feiticeiro, como aconteceu com a teoria do campo de Einstein, e volta-se para a relatividade dos sistemas de coordenada. Tudo se resume, por fim, ao símbolo autorreferencial, o tropo ou a metáfora, como ponto de partida da discussão sobre o sentido.

A metáfora, o símbolo cuja glosa é definitivamente relativa, é o ponto de referência perfeito e apropriado para uma era de símbolos crípticos e de sentidos inescrutáveis; sua "descoberta" em cada empreendimento crítico, científico e estético que se preocupa com o sentido é inevitável. Ela é nosso reflexo e nós, talvez, o dela. Os muito ambiciosos tentam gramatizá-la, os humanistas esboçam seu caráter, os psicólogos põem ratos para percorrê-la. Da mesma forma como com Deus e o dinheiro e, por falar nisso, com símbolos em geral, o que importa é o que fazemos dela. Se a metáfora reflete a ambição do linguis-

Símbolos que representam a si mesmos

ta de dirimir tudo em regra e ordem, o deslumbramento e a admiração do esteta e do letrado, a interrogativa científica do psicólogo, como ela poderia ser levada a modelar a complexidade do sentido conhecido pelo antropólogo?

Muitas vezes, a relatividade cultural, como a de Einstein, nada mais é que a relatividade dos sistemas de coordenada (ou referência), da linguagem, do *ethos*, da "sensação" adquirida, do hábito. Para conhecê-la, experimentá-la, as pessoas passam a viver em outros lugares, com "outras" pessoas. Essa é uma das introduções à questão. Mas o tropo ou a metáfora, a coordenada autorreferencial, é relatividade composta; ela introduz relatividade *dentro* dos sistemas de coordenadas e da cultura. Logo, as expressões dentro de uma cultura são relativas, inovadoras e ambíguas umas em relação às outras. Um modelo fundado nessas relações é um sistema — isso se pudermos mesmo considerá-lo de todo sistemático — móvel, fluido e indeterminado.

Como o buraco negro (que também não possui, de acordo com o jargão dos astrofísicos, "nenhum cabelo" pelo qual possamos segurá-lo), os efeitos da metáfora têm sido listados, analisados, calculados, até mesmo sintetizados por meio de metáforas e em nível exaustivo. Muitos dos "posicionamentos" com relação à metáfora são relativamente precisos e perspicazes,[5] ainda que suspeitemos que uma caracterização "completa" seja tão inatingível e inútil quanto a glosa "comple-

---

5 A ideia de que a metáfora possui qualidades "emergentes" ou transcendentais não é, de forma alguma, incomum. Paul Ricoeur fala do poder do discurso metafórico de "redescrever uma realidade inacessível à descrição direta" (*Time and Narrative*, p.xi).

ta" de uma única metáfora. É também possível que a caracterização "correta" da metáfora seja tão quimérica quanto a glosa correta de uma delas; parece, portanto, que o que se pode fazer com a metáfora, em termos analíticos, é mais importante do que aquilo que a metáfora "faz".

Um resumo, ou uma revisão do "estado de arte" da metáfora poderia, talvez, ser de alguma serventia, uma vez que tudo que abordo aqui não está direcionado ao criticismo literário ou ao estado de arte de alguém, e também não é "sobre" a metáfora. Mas devo limitar minha breve digressão a alguns poucos pontos essenciais e expandi-los subsequentemente.

Uma metáfora e, por extensão, um tropo de forma mais geral, equaciona um ponto de referência convencional com outro, ou substitui um pelo outro, e obriga o intérprete a tirar suas conclusões de acordo. Ela elicia analogias, como percepções *através* da linguagem, por assim dizer, e essas analogias ou percepções tornam-se a intenção e o conteúdo da expressão.

O uso figurativo, portanto, uma vez que faz da referência convencional uma espécie de prisma, não pode oferecer um campo de referência literal. Ele não é formado por meio da "indicação" das coisas, ou referenciando-as, mas relacionando ponteiros ou pontos de referência uns com os outros, colocando-os em uma relação inovadora no tocante à ordem de referência inicial. Ele "expressa" uma relação renegociada, mas, não sendo "literal" em nenhum aspecto, não pode "apontá-la". Assim, podemos dizer que ele "incorpora" ou "reflete" seu objeto, configurando-o simpateticamente ao transformar a si mesmo naquilo que é expresso. Quando falamos de coisas que não possuem referentes convencionais, nossa forma de falar deve tornar-se ela mesma o referente. O efeito da construção é

Símbolos que representam a si mesmos

incorporado ao incidir sobre o ponto de referência tradicional; essa incidência é, ao mesmo tempo, o que *ela é* e *sobre* o que ela é. Um símbolo autista, um símbolo que representa a si mesmo, não é tanto uma impossibilidade quanto uma inanidade – quem se importa? Tal construto se torna interessante e relevante para alguém apenas na medida em que aborda – converte, inverte, reverte, subverte, perverte – e *se relaciona com* pontos de referência tradicionais. Ele nos interessa porque é *relativamente* autocontido, autossignificativo. As metáforas podem, de fato, ser as joias da prosa e da poesia, os silenciosos lagos especulares e a alienação que estrela as cordilheiras de Shakespeare, Goethe e Federico García Lorca; elas podem, é verdade, abranger a ambivalência existencial moderna desde o tudo até o nada, mas elas são significativas para a modelagem antropológica da cultura, e é isto que me interessa aqui: não como elas embelezam, mas como elas constituem a cultura.

O que aprendemos sobre essa constituição, até agora? Parece claro que uma cultura composta por sentidos *relativos* não pode ser um sistema de oposições como queriam os estruturalistas, pois a relatividade implica um movimento para novas coordenadas que rejeita, ou nega, as originais. Sentidos inovadores são emergentes – eles se apropriam uns dos outros, tiram força e credibilidade uns dos outros. A cultura não é nada mais que analogias que se baseiam em (e que subvertem) outras analogias, não em uma tensão de oposições ou categorias rígidas, mas uma série de transformações móveis operadas sob um núcleo convencional.

Mas o próprio núcleo é uma espécie de resíduo, "convencional" apenas porque algum grupo ou combinação determinada de suas associações analógicas foi identificado como a mais literal, ou comum – um "absoluto" da definição. Um grupo de pontos de referência cultural identificados dessa forma – as leis e o léxico de uma língua, por exemplo – equivalem a uma metáfora básica, universal, que nos possibilita sermos literais. Porque são partes ou facetas (na verdade, metonímias) da metáfora enquadrante, as palavras, as expressões matemáticas e outras declarações passam a ter uma referência convencional; são consideradas de acordo com o contexto, por assim dizer, da metáfora abrangente e enquadrante.

E é claro que uma linguagem, ou matemática, possui imagens internas dentro de sua gramática, sintaxe e uso que constituem um enquadramento dentro do enquadramento, o que podemos querer chamar de "imagens da convenção". Em francês, diríamos "a lua, *ela* é uma mulher adorável", mas em alemão teria que ser "a lua, *ele* é uma mulher adorável", e, em daribi, seria *sugua ge ware we meniraba'* – "a lua concha uma bela mulher, por assim dizer". São nessas diferenças que a metáfora enquadrante aparece como tal, emprestando ironias sutis próprias para a "tradutibilidade" da expressão figurativa. Em matemática, pode-se dizer que i, a raiz quadrada de -1, é uma metáfora, uma vez que ela registra um impasse na calculabilidade dos termos utilizados, e sendo, portanto, "imaginária", passa a representar um domínio ou campo imaginário.

As convenções – regras, sintaxes, léxicos – da linguagem estão em relação recíproca ao que pode ser e ao que é dito nela. Assim como falamos ao operar transformações nessas convenções, *configurando* nossos sentidos por meio delas, o grupo de convenções pode ser visto como a metáfora de tudo o que poderia ser dito dessa maneira. Uma linguagem e – na medida em que se pode dizer que ela possui convenções (que é a maneira como nós, necessariamente, a descrevemos) – uma cultura são

Símbolos que representam a si mesmos

o derradeiro subjuntivo, um "como se" transformado em "é" pela seriedade daqueles que a utilizam.

A partir do momento que admitimos isso, que os valores ostensivamente "positivos" ou "absolutos" não são, em si, absolutos, mas figuras relativas manipuladas pelo enquadramento de figuras menores e menos óbvias dentro das maiores, mais convencionais, então se torna claro que a expressão é não apenas relativa *entre* linguagens, mas também *dentro* delas. Assim, a linguagem formal torna-se o incremento de um jogo no qual figuras menores são formadas dentro de – e em contraste a – figuras enquadrantes maiores, vindo a ser, por fim, encapsuladas por elas, apenas para facilitar a formação de outras expressões menores.

O lado formal da expressão é, obviamente, tanto um fator da articulação verbal e conceitual como uma polaridade no domínio da percepção, com implicações que eu gostaria de considerar a seguir. (A abstração relativa ou concretude são apenas outra dimensão na qual a relação recíproca entre enquadramentos ocorre; ela cria metáforas "concretas" e "abstratas" uma a partir da outra.) A natureza "absoluta" de tais enquadramentos pertence a uma perspectiva literalista ou convencionalista, que teria, nessa conjuntura, de cortar o corpo caloso humano. Um pensamento concreto e abstrato imediato, um cérebro verdadeiramente "dividido", os "tipos" lógicos hierárquicos de Russell e Whitehead, ou os códigos, eixos e matrizes do estruturalismo nos fornecem nossos enquadramentos culturais e contextuais prontos para uso. Convenientes, pois não requerem explicação, eles também são arbitrários – fazendo da ordem um absoluto em prol da própria ordem.

A abordagem alternativa, e o propósito desta discussão, é mostrar como esse enquadramento ocorre em consequência da construção do significado – como enquadramentos são inventados uns a partir dos outros, por assim dizer. Especificamente, uma vez que escolhi o tropo, ou a metáfora, como unidade autorreferencial, a tarefa é demonstrar como uma metáfora expande o enquadramento de sua autorreferencialidade, por meio de uma extensão processual, em um alcance mais amplo de relevância cultural – um enquadramento e uma metáfora mais abrangentes. Um tropo não é mais necessariamente um *flash* instantâneo, mas sim um processo potencial, e seu processo – a constituição de enquadramentos culturais – ao mesmo tempo também é revelação, ou processo de conhecimento.

Uma perspectiva relativa *dentro* da província de construção cultural, considerar a referencialidade do símbolo, o "é" da convenção, como uma espécie de subjuntivo, é entrar em suspensão provisória – no mundo do "como se"[6] de Vaihinger. Ao invés de um "sistema" de categorias, eixos, instituições – pontos de referência convencionais transformados em vigas de aço –, temos pontos de referência que são mais como notas em uma pontuação musical. Sempre "lá" em potencial, como componentes de uma escala conhecida, ainda que apenas potencialmente, para o compositor, o intérprete e o ouvinte, as notas adquirem sentido de acordo com os temas, variações, harmonias e sonoridades da própria música. E se é o sentido que queremos estudar, o sentido está na música, e apenas contingencialmente em suas possibilidades.

---

6 Vaihinger, *A filosofia do como se*: sistema das ficções teóricas, práticas e religiosas da humanidade.

Símbolos que representam a si mesmos

Principalmente porque tudo isso soa como estruturalismo sem estrutura, *bricolagem* como essência da cultura, temos de nos perguntar qual é seu *uso*. Por que *não* considerar os símbolos por seu valor nominal, como unidades, garantidas pelo sistema de reserva federal que D. Sperber chama de "conhecimento enciclopédico",[7] e usar esse capital para fazer investimentos astutos no mundo da produção etnológica? Estruturas possuem a credibilidade do produto; símbolos, a potência do dinheiro, enquanto a metáfora possui toda a credibilidade e a potência... de um devaneio.

A resposta, é claro, não está em nenhuma poesia ou precisão que a metáfora possa aportar à etnologia – transformando parentesco e ritual em literatura e nós em críticos literários. Antes, ela é inerente à possibilidade de que o tropo como símbolo e o símbolo como tropo possam se reforçar mutuamente; de que a significância e o funcionamento do tropo possam se tornar coerentes ao modelarmos a construção cultural de acordo com ele, difundindo-o ao longo do espectro cultural.

O processo de modelagem nas ciências, e nas ciências sociais, faz uso de relações ou ordenamentos conhecidos, familiares, como base para a compreensão analógica de materiais até então desorganizados. Uma metáfora é feita, e estendida em percepção dentro das propriedades do material a ser compreendido, de forma que a ideia de uma dupla hélice ou de placas tectônicas flutuantes, por exemplo, sejam "vistas" como informando a estrutura do DNA ou a mobilidade da crosta terrestre. O próprio "ver" é conhecimento "novo", e uma vez que a metáfora é autossignificativa, o conhecimento adquire força

---

7 Sperber, *Rethinking Symbolism.*

galvanizadora com base em sua aparente (e real) união entre conhecedor e conhecido – daí a certeza que os paradigmas científicos carregam. E as consequências de tais "visões" confiantes incluem a reestruturação do modelo, até então familiar, pelo material estudado: o DNA torna-se um modelo para o que é duplo-helicoidal, geografia para a flutuação e fluxo de sólidos.

Utilizar o próprio procedimento de modelagem como um modelo para a cultura significa aduzir uma "certeza paradigmática" à motivação cultural em geral, à invenção da cultura. Mas também significa tomar uma derivativa de segunda ordem – a modelagem da modelagem é uma modelagem. E, assim, a escolha do modelo a ser utilizado torna-se importante. Se escolhermos a metodologia e a modelagem científica como o campo "das relações e ordenamentos familiares e conhecidos", então a cultura se manifestará, como ocorre entre os etnometodólogos, como uma ciência popular de fazer a vida. Se escolhermos como modelo o conhecimento adquirido sobre signos e semiótica, semântica e pragmática, então a cultura se torna um quadro luminoso de definições acadêmicas, uma física de partículas de ícones encapsulando referentes, marcadores de referência marcando referências – funções (ou denominações) que representam a si mesmas. E se escolhermos as metáforas penetrantes por meio das quais perspicazes críticos literários (ou sociais/semióticos) têm caracterizado ou dramatizado as metáforas, então cultura talvez seja um texto dançante, que deslumbra, oculta, revela e possivelmente psicanalisa seus leitores ou participantes.

Uma das alternativas seria apostar nas qualidades (ou não qualidades) abertas, néscias, de "buraco negro" da metáfora

Símbolos que representam a si mesmos

como modelo, em contraste com sua própria expansão em mito ou ritual, modelando a etnografia de acordo com a metáfora, e a metáfora de acordo com a etnografia, na esperança de que o não familiar conhecido e o familiar desconhecido possam ajudar a estruturar um ao outro. Se presumirmos que o parentesco, ou o mito, ou o ritual, para utilizar três das generalizações favoritas dos antropólogos, são, em seu funcionamento, a construção sequencial de uma metáfora, um tropo cultural em enquadramentos mais abrangentes e estendidos, então veremos, com efeito, o mecanismo da metáfora e sua glosa. Se prestarmos atenção à lógica ou ao sequenciamento das coisas, também pode ser possível coletar evidência sobre a pré-figuração de uma glosa, sua etnografia, por assim dizer, e sobre o que o sentido faz as pessoas fazerem.

Uma metáfora é ao mesmo tempo proposição e resolução; ela representa a si mesma. Expandida para incorporar (e definir) enquadramentos culturais mais amplos, a autodefinição e a tração no sentido da resolução dão força à motivação e à ação culturais. Dessa forma, o sentido adquire tanto uma forma como um conteúdo. Adquire uma forma por meio de seu conteúdo. Assim como a forma e a constituição de um léxico sempre carregam a estampa das metáforas que podem ser, ou que foram, formadas em contraste com ele (o si menor nunca mais foi o mesmo depois da Missa de Bach, nem o dó sustenido menor depois do Quarteto de Beethoven), a parte formal de uma cultura acomoda e está carregada de mitos, rituais e construções de parentesco de enquadramento mais amplo que se formam a partir dela, e que a formam. E o que consideramos um padrão cultural geral, sua estrutura galáctica (como diria David

Schneider)[8] de simbologia nuclear, deve carregar a estampa da forma genérica e do autofechamento das metáforas ou tropos de enquadramento superior. Nesse sentido, a "estrutura profunda" de uma cultura é apenas parcialmente modo e conteúdo, si menor e dó sustenido menor; ela também é o que chamei de obviação, com seus necessários paradoxos e negações.

Mitos, rituais e relações de parentesco, vistos como tropos expandidos, como enquadramentos culturais com uma lógica ou composição própria, como os "padrões" de Ruth Benedict ou os "ciclos" spenglerianos, transportam-nos para muito além da antropologia dos assuntos sociais. Eles invocam o espectro do determinismo cultural ou, se essa concepção de cultura for muito forte, indicando determinismo, afastam nossa atenção dos fins e motivos políticos, do papel do ator no drama. No melhor dos casos, a metáfora e o fluxo analógico que ela elicia, em qualquer escala, pode influenciar apenas a contingência relativa das ações humanas. Ela evita a substantiva "coisidade" concreta das coisas, assim como os nomes que as nomeiam enquanto tais, na medida em que dissolve o sentido do "ator" em uma espécie de "sensório" de sentidos.

Por essa razão, portanto, a metáfora, como a introduzi aqui, pressagia um determinismo no máximo canhestro (ou "à esquerda"), uma dimensão relacional da perspectiva e da percepção que lida com as condições vinculantes e com questões existenciais. Com efeito, podemos interrogar-nos sobre seu status científico, uma vez que ela não prevê nada e é impermeável aos nossos jogos culturais de experimentação, controle

---

8 Schneider, Notes toward a Theory of Culture. In: Basso; Selby (Eds.), *Meaning in Anthropology.*

Símbolos que representam a si mesmos

e validação, mas até aí várias questões éticas também poderiam ser levantadas com relação à viabilidade de uma ciência social utilizável e altamente determinista. (A matemática, a "Rainha das Ciências", é um trabalho exclusivo da imaginação e, portanto, das humanidades.) O sentido é uma percepção no espaço de valor simbólico; o tropo é o eliciador e o veículo da percepção. Mas a própria percepção é, pode-se argumentar, a mais potente das qualidades humanas: não apenas as grandes sinfonias e as obras de arte visuais são essencialmente percepções, mas também nossa tecnologia não é nada mais que um conjunto de percepções detalhadas, consistentes e pragmáticas, e a percepção reside no âmago de nossas armas mais letais e de nossos mais impressionantes trunfos especulativos.

O uso do tropo e da obviação como modelo permite que falemos com alguma segurança sobre generalidades que outras abordagens, mais pragmáticas, preditivas e estratégicas apenas tentam minimizar. Quando falamos de sentido, estamos falando sobre "ver" dentro do mundo dos símbolos humanos, e não sobre gramáticas, sintaxes ou funções-sinal por meio das quais seria possível extrair ordem a partir da expressão. Usar algoritmos cuja instrumentalidade foi modelada na capacidade linguística é uma coisa; desenvolver um recurso para a "leitura" do fluxo de analogias desenvolvida em imagens, a dialética do sentido, é algo completamente diferente.

Qual é, então, a relação entre a percepção e o ponto de referência cultural? Seria uma questão de abstração, signo e referente, como parece pensar Saussure? Passarei agora à questão do conceito e do percepto.

2
Muito precisos para ser colocados em palavras

Como símbolos, há duas maneiras de se considerar os nomes. Podemos considerá-los "codificações" ou pontos de referência, que simplesmente representam as coisas nomeadas, ou podemos considerá-los em termos da relação entre símbolo e a coisa simbolizada. No primeiro caso, nomear torna-se uma questão de contrastes e agrupamento dos próprios nomes: um microcosmo de símbolos é utilizado para codificar ou representar o mundo da referência. O mundo dos fenômenos é autoevidente e independente. No segundo caso, nomear se transforma em uma questão de analogia: símbolo e simbolizado pertencem a uma única relação, uma construção dentro de um mundo mais amplo, ou de um macrocosmo.

A distinção aqui não é trivial, uma vez que todas as palavras e todos os símbolos, visto que são pontos de referência, podem ser considerados "nominações". É evidente que ambos os modos de abordar os símbolos, tanto como código quanto como analogia, possuem um certo potencial, e a construção de um microcosmo exploratório chamado "estrutura" cumpre apenas parte de seu potencial. A outra parte envolve um modo de construção que inclui símbolo e simbolizado na mesma expressão e pressupõe, entre outras coisas, que o simbolizado não é menos parte da cultura que o símbolo.

Para dar um exemplo, entre os Daribi da Papua-Nova Guiné, o verbo *poai* (particípio do verbo *poie*, "ser nomeado", "ser congruente com") é utilizado para indicar a relação entre uma pessoa ou coisa ao elemento com base no qual ela foi nomeada.[9] Ambos, denominador e denominado, são chamados de *sabi* (isto é, "rabo") ou "homônimos" um do outro, ou seja, elementos que possuem, um com o outro, uma relação de "como se" (socialmente) reconhecida. O "nome" verbal, real, é considerado uma função dessa relação; assim, se uma pessoa tem o mesmo nome de algo que possui uma pluralidade de designações convencionais (uma cacatua-de-crista-amarela, por exemplo), todas essas designações são igualmente consideradas nomes da pessoa (por exemplo, *nara, terawaî*).

Um relacionamento desse tipo é individual e individualizante em relação à convenção, porque cancela ou suspende a ordem de referência convencional de acordo com a qual homens e cacatuas, por exemplo, são tidos como entidades distintas e não sobrepostas. O "como se" do nome, por assim dizer, situa-se em oposição ao "como se" da designação referencial; o nome por si só define uma possibilidade excluída pela convenção, de acordo com a qual um homem pode ser considerado, por não importa que razão, similar a, e, portanto, como "sendo" uma

---

9 Wagner, *Habu: The Innovation of Meaning in Daribi Religion*, p.85-94.

Símbolos que representam a si mesmos

cacatua. Essa possibilidade coincide de forma um tanto quanto única com o nome, e assim podemos concluir que o nome "representa " a possibilidade que ele elicia (e, portanto, significa sua própria relação, ou a si mesmo)[10] e, também, que ele se autorreferencia por meio dessa possibilidade. Chamar um homem de "cacatua-de-cauda-amarela" é dar a esse homem uma individualidade, pois a existência da metáfora em que ele é uma cacatua é possível. Mas o "como se" dessa possibilidade deve necessariamente incidir sobre o "como se" do referente coletivo, ou dos sistemas "de codificação", sobretudo, porque ambos usam o mesmo conjunto de convenções. Portanto, os símbolos são utilizados e reutilizados, fazendo parte de combinações variadas, e são as possibilidades autorreferenciais dos construtos que mudam e diferenciam a si mesmos, criando o coletivo como uma inovação sobre o indivíduo e vice-versa.

Se tratarmos os nomes simplesmente como nomes, pontos de referência, o simbolismo terminará sendo uma questão de referência: um microcosmo de nomes é contraposto ao macrocosmo de referentes. Mas se tratarmos o "nome" como uma relação, o microcosmo de nomes não é mais um microcosmo; ele estará imerso em um macrocosmo de construções analógicas. Não temos apenas uma analogia que engloba nome e nomeado, mas uma analogia que sugere e tende a nos inserir em relações analógicas entre construtos macrocósmicos.

---

10 Essa posição lembra o argumento dos "mundos possíveis" que Kripke utiliza contra a noção de natureza descritiva da nomeação de Frege-Russell. Ver Kripke, *Naming and Necessity*, p.48-60.

O particípio *poai* aponta para *qualquer* semelhança que pode ser encontrada entre uma pessoa ou coisa (ou estado, ou o que seja) e outra. Pessoas que compartilham um ponto de semelhança (e o próprio nome é um ponto de semelhança, não importa como tenha sido adquirido) compartilham de todas as suas semelhanças, pois o *poai* as nomeia "o mesmo". Com base nisso, todas as pessoas possuem uma gama infinita de "nomes", todas são, em algum sentido, "nomeadas" de todas as coisas e todos esse nomes e pessoas são um. (O único nome, diga-se de passagem, que um pai daribi, de outra forma impassível, pode escolher em reconhecimento ao fato de a criança ter sido apenas recentemente nomeada, é *poai*, "nomeada"; outra opção é nomeá-la de acordo com seu recente estado de ainda não ter sido nomeada, utilizando um infixo negativo – *poziawai*, "não nomeada". Ambos são comuns.) O problema está, antes, em parar ou convencionalizar o fluxo de analogias – a "tração" de uma analogia pelas outras – do que propriamente achá-las. O nome (ou os nomes) *socialmente* reconhecido serve para mediar entre semelhanças pessoais de forma a controlar o fluxo analógico para fins sociais. Se o nome for um ponto de referência social, uma relação individualizante, assim o é porque artificialmente *para* o fluxo no ponto daquela relação. Assim o microcosmo de nomes sociais *medeia* o macrocosmo da analogia, cortando-o em pedaços manejáveis. E o macrocosmo da analogia, é claro, medeia o ponto de referência microcósmico, permitindo-nos "ver" semelhanças entre eles, combinando-os em relações de *sabi* entre as pessoas, ou pessoas e animais (Figura 1). Os Daribi dizem que *sabi* devem ajudar uns aos outros.

Símbolos que representam a si mesmos

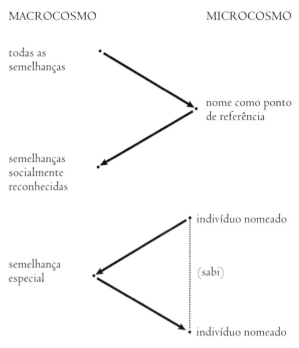

Figura 1: Mediação na prática de nomeação daribi.

Se nomes são símbolos e símbolos, nomes, não será um problema fazer desse caso especial de nomeação um caso geral de simbolismo. Tudo que temos de fazer é expandir o sentido do "nome" em uma instância de restrição microcósmica, e o sentido do *poai*, a analogia, para a gama de todos os fenômenos perceptuais que formam ou podem formar a base da experiência humana e da comunicação. Podemos então confrontar, a partir de uma base mais cósmica, a questão do simbolismo, e podemos lidar também com a mediação que serve para mediar, nela, a concepção e ação cultural humana. (E se refletirmos sobre o fato de que a mediação, na verdade, cria as analogias e as codificações pelo simples fato de negociá-las, então chegamos à conclusão de que "negociar" a concepção e a ação cultural é o mesmo que criá-las, ou inventá-las.)

A percepção tem sido caracteristicamente tratada como um tipo de função natural nos estudos do sentido, um domínio fenomênico que serve como zona fronteiriça do sentido, a partir da qual o simbolismo toma o meio expressivo, e sobre a qual ele impõe (como em "apercepção") uma ordem ou orientação. A noção saussuriana do "signo" como um mediador sensorial entre conceito e percepto (assim como outras ideias similares, como o fonema ou o tom musical) é ela mesma um "signo" desse enquadramento de suposições, o qual centra as áreas mais essenciais do sentido em pontos de referência simbólicos, suas gramáticas e sintaxes, e assim por diante. Estudos recentes em neurofisiologia sugerem, no entanto, que a percepção é mais do que uma fronteira entre o simbolismo e o mundo natural – ela está, na verdade, envolvida de forma central.

Bela Julesz, dos Laboratórios Bell Telephone, fala de uma "percepção ciclópica" – aquela que resulta na "formação de um percepto em alguma localização central do sistema visual utilizando estímulos que não poderiam, de outra forma, produzir aquele percepto em uma localização anterior".[11] Um dos exemplos mais conhecido de tal informação "global", como Julesz a definiu, é a visão estereoscópica, que se baseia em informações "periféricas" das duas retinas ópticas para a formação da imagem. Ele cita evidências experimentais para indicar que o sentido na arte visual, música, poesia e expressão linguística em geral é "ciclópico" nessa acepção do termo,[12] e observa que

---

11 Julesz, *Foundations of Cyclopean Perception*, p.3.
12 Ibid., p.53.

Símbolos que representam a si mesmos

A mente ciclópica é um gigante, uma vez que a maior parte do input neural de nosso sistema nervoso participa dela. Ela também é simplória, incapaz de manipulações simbólicas tão essenciais à linguagem, lógica e matemática; e não dispõe de capacidade para abstração.[13]

O sentido, ao que tudo indica, é ele mesmo uma percepção, e sua experiência e expressão são oblíquas ao ordenamento das gramáticas e dos pontos de referência que são, no máximo, seus eliciadores. Mais que isso, o sentido é uma percepção *dentro* do que poderíamos chamar de "espaço de valor" estabelecido pelos pontos de referência simbólicos, uma visão "estereoscópica", digamos, de diferentes pontos de referência simbólicos enfocados em uma única "retina" ciclópica. Ele é, portanto, a percepção da analogia, e sua expansão em formas ou enquadramentos culturais mais abrangentes toma a forma de um "fluxo" de analogia.

A identificação do signo como mediador entre percepto e conceito simbólico estabelece uma *abstração* – o nascimento da ordem como fato consumado – como o ato constitutivo único na emergência do sentido. Há muito se especula sobre a origem da linguagem, a invenção da abstração, que formou a Palavra no Início. Mas a realização de que o sentido *é* percepção, que ele ocorre *no* fundo "natural" a partir do qual a abstração supostamente libertou a palavra, nos leva a pensar que a "abstração" é, ao contrário, parte de um processo contínuo e generativo. A invenção de um microcosmo a partir de um macrocosmo perceptual, a partir da abstração, é metade de uma interação

---

13 Ibid., p.14.

dialética altamente carregada, estabelecendo um contínuo sensorial no qual o ordenamento e a reconfiguração do sentido são consumados. A outra metade dessa interação carregada é uma expansão, ou concretização, igualmente importante, do microcosmo em macrocosmo, que ocorre na formação da analogia. A invenção do microcosmo, do símbolo e da linguagem, e do macrocosmo, o sentido e o mundo significativo, são aspectos relacionados, dialética e intrinsicamente, de um mesmo processo.

A codificação de microcosmos, meios sensorialmente e qualitativamente restritos para a representação da referência simbólica, parece ser universal nas culturas humanas. A língua falada é a instância mais óbvia e talvez mais importante, apesar de as "linguagens corporais" não verbais e as codificações inscritas e visuais também servirem de exemplo. Tais códigos são sempre gerados por meio de uma limitação e restrição da gama sensorial, um pano de fundo reduzido contra o qual variações minúsculas, assim como pequenas inflexões sonoras ou a forma das letras e dos números, podem ser utilizadas para representar pontos de variação significativos. Uma restrição desse calibre determina uma espécie de redundância, muitas vezes observada por teóricos da linguagem, quando sons ou imagens claramente semelhantes continuam a se repetir no decorrer da expressão. Na verdade, a repetição faz uso do meio codificador, o componente sensorial da simbolização, para passar a sensação (em grande parte ilusória) de invariância referencial; um som ou símbolo ortográfico dado marca o "ponto" do ponto de referência. Assim como o ponto mantém seu lugar, o mesmo ocorre com a referência.

Na análise da realização do microcosmo, eu gostaria de recorrer ao exemplo muito apropriado oferecido pela professora

Nancy D. Munn em seu estudo sobre a representação icono-gráfica entre os Walribi da Austrália Central.[14] Assim como representações gráficas de outros povos do deserto central, sobretudo, por exemplo, os Arunta, a iconografia walribi está intimamente relacionada com as realizações rituais e cosmológicas da vida tradicional.

Ainda que elas certamente descrevam um microcosmo, as ambiguidades inerentes ao seu modo representativo as desqualificam como "linguagem escrita" no sentido convencional de ideografia ou fonografia discursiva.

Por outro lado, pode-se muito bem argumentar que, apesar de toda a sua divergência com relação à mimese do discurso, característica de um script fonográfico como o nosso, tais iconografias na verdade se aproximam da tradicional escrita chinesa ou japonesa. Há nelas, é claro, muito menos "caracteres" do que encontraríamos nas ortografias orientais, mas aqui nos deparamos mais uma vez com a possibilidade de que as ambiguidades dos códigos australianos não sejam necessariamente mais extraordinários, mas estejam apenas situados de maneira diversa. Pois eles são imagens estilizadas e abstraídas, não a partir de sons e ideias, mas a partir das impressões que são (ou seriam) feitas na terra por seres humanos que se movem nela, ou a partir de formas estáticas situadas sobre a terra. Muitas das formas mais comumente utilizadas são, na verdade, imitações quase perfeitas de trajetórias percorridas por seres humanos ou animais.

---

14 Munn, *Walbiri Iconography:* Graphic Representation and Cultural Symbolism in a Central Australian Society.

Uma justaposição de gráficos é sempre legível como uma espécie de diagrama ou mapa abstrato, contanto que o contexto seja claramente compreendido (uma tradição mais literal, sem dúvida, criaria para esse fim "signos do sentido", como aqueles fornecidos nos antigos hieróglifos egípcios). As iconografias estão inscritas em áreas de areia solta e acompanham conversas cotidianas, assim como ilustram a narrativa de mulheres, que Munn chama de "história de areia".[15] Nesses casos, sua continuidade parece ser mais ou menos ideográfica, acompanhando episódios da narração ou conversa. No entanto, as representações cosmologicamente significativas feitas e utilizadas por homens geralmente baseiam sua continuidade na trilha, ou rota, da pessoa ou ser que se movimenta pelo país. Uma trilha pode ser *seguida* (*bura*)[16] em sua criação ou interpretação, e o movimento "ao longo" da progressão espacial, representada em termos gráficos ou implícita na "linha" das canções cantadas sobre os pontos ou episódios sucessivos da jornada, possui o efeito de modelar a continuidade do discurso falado de acordo com a travessia espacial.

O país dessas pessoas é, obviamente, conhecido e experienciado por meio das trilhas e marcos que tais continuidades representam. De fato, uma vez que os tradicionais Walbiri devem obrigatoriamente, como caçadores e coletores, não apenas garantir seu sustento seguindo rastros (caça), mas também passam a vida sempre *criando* eles mesmos rastros, essa vida, em todos os seus atos, torna-se um processo de *inscrição*. E essa inscrição, em grande medida uma repetição infinita de atos

---

15 Ibid., p.59.
16 Ibid., p.131.

Símbolos que representam a si mesmos

domésticos e produtivos, um "seguir" os costumes e a técnica, também era um retraçar de trilhas e rastros que são conhecidos desde o começo dos tempos. A vida de uma pessoa é a soma de seus rastros, a inscrição total de seus movimentos, algo que pode ser traçado no solo. E o percurso de vida de um povo, a totalidade de seus jeitos, ajustes e situações convencionalmente encontradas, é a soma de seus "rastros", as trilhas feitas em seu país, por meio das quais a experiência é medida.

É nesse sentido que as capacidades analógicas do "rastro" iconográfico o tornam a "alavanca" perfeita, ou o elemento articulador, entre o microcosmo de variedades sensoriais restritas e codificadoras de valores, e a efetuação deste microcosmo em um mundo mais amplo, de variedades sensoriais contrastivamente mais exaustivas. Pois um rastro representa a si mesmo como microcosmo, como ser e movimento comprimidos em um plano bidimensional, e, portanto, traz como consequência uma incorporação mais completa desse ser e movimento, como aquilo que fez o rastro. "Seguir" o rastro é impregnar um microcosmo com a existência e o movimento de seu criador e, por analogia, qualquer enriquecimento sensorial de sua iconografia constitui uma reversao similar do processo de abstração. Executar essas operações sobre a acepção somativa e coletiva do "rastro", como formas de vida totais e experiências de um povo, é efetuar e vivificar a execução desses rastros como um ato criativo.

Os Walribi, de acordo com Munn,[17] consideram os rastros no sentido de marcas deixadas por seres ancestrais no país *guruwari*, um termo que também pode ser utilizado na acepção

---

17 Ibid, p.119.

Roy Wagner

abstrata de poderes ancestrais incorporados ao país. Como os *churinga* dos Arunta, artefatos dos tempos da criação que contêm espíritos de seres criativos,[18] *guruwari* podem ser utilizados ritualmente para replicar ou reconstituir esses tempos. É relevante para o que nos concerne aqui que a reconstrução ritual invariavelmente envolve um "seguir" o rastro de alguma forma e, na maior parte das vezes, um enriquecimento sensorial do *guruwari* como *design* – durante a visita a locais secretos que contêm tais desenhos, ou pela preparação de uma pintura feita no solo chamada "sonhar",[19] ou através da ampliação do espectro sonoro por meio de canções. Dessa forma, um ato construtivo ou criativo realizado no *guruwari*, o enriquecimento sensorial efetuado pelos próprios Walbiri, assume um senso sacramental de comunhão com, ou uma realização do *djugurba*, os tempos criativos ou "das histórias" ("tempo dos sonhos").

Ao invés de considerar tais sínteses ou construções rituais como uma "inversão" das ações dos seres criativos, retrocedendo do artefato às ações que o criaram, os Walribi veem a realização sensorial do *djugurba* como continuando o precedente dos atos criativos originais, eles mesmos uma forma de construção premeditada:

> Homens ofereciam a explicação-padrão de que, em tempos remotos, os ancestrais sonhavam suas músicas e desenhos enquanto dormiam no campo. Como um informante observou: "ele sonhou seus rastros". Ao acordar, o ancestral "colocava" (*yira-nî*) seus desenhos (ou seja, ele os pintava ou então dava a eles

---

18 Spencer; Gillen, *The Native Tribes of Central Australia*, p.123.
19 Bardon, *Aboriginal Art of the Western Desert*, p.146.

Símbolos que representam a si mesmos

forma material) e cantava suas músicas. Ao longo de sua viagem, ele cantava sua jornada... ele cantava *sobre* sua jornada, sobre os eventos que aconteciam no caminho.[20]

Logo, a síntese do *djugurba* não é apenas a mistificação dos atos constitutivos humanos (como, por exemplo, em uma reconstrução "científica"), mas também a pressuposição da criatividade implícita à ação dos tempos criativos.

Se refletirmos sobre o fato de que o único conhecimento ou experiência que os Walribi possuem, ou podem possuir, da fase criativa do mundo, *djugurba*, de uma forma ou de outra, se dá por meio da realização humana de símbolos microcósmicos estendidos em mitos, canções, desenhos, ou no "país", torna-se claro que é dessa forma que a vida religiosa walribi se constitui. Munn observa:

Canções são, em certo sentido, símbolos ou linguagem oral, e desenhos ancestrais são símbolos da "linguagem" visual ou gráfica. Os antepassados estão, na verdade, "falando sobre" as coisas que aconteceram com eles tanto de forma gráfico-visual quanto de forma verbal, e essa "conversa" objetiva o mundo ao redor deles, dando-lhe uma realidade social, comunicável.[21]

Ainda que claramente elucidada por meio de seus usos e epistemologias bastante diretos e recursivos, a dialética entre codificações microcósmicas e produções estéticas sensorialmente ricas não se limita, de maneira alguma, aos Walribi ou aos

20 Munn, op. cit., p.146.
21 Ibid, p.149.

aborígenes do deserto central. É, pelo contrário, a condição do simbolismo humano; uma polaridade ou contraste opondo uma codificação simbólica artificialmente restrita a uma imagética icônica (também) artificialmente estendida. Pois o ato de restrição sensorial ou qualitativa necessário à constituição do valor referencial implica, tanto quanto torna possível, uma expansão sensorial e qualitativa reflexiva. Uma não é mais primária ou mais "natural" que a outra, pois ambas são efeitos da mesma cisão, e cada uma realiza seu caráter em contraste com a outra. É óbvio que nem a restrição sensorial nem a ideia de valor referencial que ela possibilita equivalem ao sentido, ainda que a percepção que compreendemos como "sentido" seja inconcebível e inexprimível sem a referência simbólica. O sentido requer um absoluto forjado, como uma espécie de "mentira" epistemológica, para enquadrar tais verdades da forma como é capaz de exprimi-las. Pela mesma razão, a percepção não é, de maneira alguma, equivalente às produções estéticas por meio das quais a expansão do alcance sensorial se realiza, ainda que esteja ligada a e seja instruída por elas. Falar da percepção sem esse foco seria como falar do sentido sem seus eixos orientadores de referência simbólica. Como consequência disso, há um desenvolvimento do foco perceptual ou analógico que coincide com cada regime simbólico.

Ao invés da unidade de abstração sensual "absoluta" de Saussure, o signo, como mediador entre percepto "natural" e a codificação abstrata da referência, sugeri que uma modulação da amplitude sensorial (relativa) – restrição em contraste à expansão – engloba e executa a mediação entre a codificação referencial e a imagem ou analogia perceptual. O simbolis-

Símbolos que representam a si mesmos

mo referencial ocupa um polo – o da codificação por meio da restrição sensorial – da mediação, e a imagem ou analogia perceptual – o simbolismo autossignificante – ocupa o outro. Um não é mais "natural" ou "cultural", nem mais ou menos "artificial" que o outro, e, apesar de a dialética como um todo poder ser vista como um processo mediador, os elementos que ela medeia não são da natureza ou da cultura.

A importância mediadora da dialética pode ser melhor compreendida se considerarmos cada um de seus polos como um ponto de mediação entre o outro polo e um elemento externo à dialética (Figura 2). A mediação é, na verdade, dual e recursiva, negociando a polaridade "externa" mediada pela dialética dentro da própria dialética. (A dialética, em outras palavras, é em si mesma um microcosmo representacional em relação a um macrocosmo "externo".) Logo, codificações simbólicas ou pontos de referência medeiam entre a coletividade social (externa) e a imagem perceptual, oferecendo ao mesmo tempo um meio sensorial para a codificação referencial "invariante" e pontos de referência convencionais para a orientação e o reconhecimento de imagens. As imagens perceptuais, ou analogias, medeiam entre o mundo factual e individuante e a referência simbólica, incidentalizando o referencial como autossignificação e referencializando o incidental como percepção em um espaço de valor simbólico.

A dialética, portanto, medeia entre dois pontos ideais e efetivamente irrealizáveis, a coletividade social e o fato ou evento concreto e individuante. Um símbolo nunca alcança a convencionalidade absoluta ou completa, assim como um tropo ou uma imagem nunca são absolutamente únicos. A dialética cultural da Figura 2 demarca o intervalo dentro do qual as expressões simbólicas, imagens e pontos de referência inovam uns aos outros como *relativamente* coletivizantes ou diferenciantes. A dialética é *possibilitada* pelo princípio englobante da reversão figura-fundo, de forma que

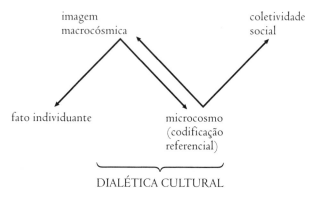

Figura 2: Macrocosmo e microcosmo como focos mediadores.

cada polo da dialética é a condição limitante do outro polo. Uma imagem, como a do Cristo crucificado no *Isenheim Altarpiece* de Grunewald, pode ser identificada como um "símbolo" e adquire uma espécie de convencionalidade, enquanto um ponto de referência simbólico pode ser visto como uma "metáfora de fundo" – o "como se" do uso convencional visto em oposição ao "é" de uma metáfora formada contra aquele uso. Um símbolo que representa a si mesmo, em outras palavras, também pode representar outra coisa; um símbolo referencial pode ser visto como representando a si mesmo.

Logo, a dialética cultural, o âmbito dentro do qual o geral e o particular se tornam acessíveis ao e exprimíveis pelo ser humano, pode, assim como a nomeação, ser analisada de duas maneiras diferentes. Ela pode ser vista em termos microcósmi-

Símbolos que representam a si mesmos

cos, como uma semiótica de nomes que contrastam com nomes, pontos de referência que representam símbolos, outros que representam seus referentes (ou mesmo sua *referência*), e ainda aqueles que garantem, como o "signo" de Saussure, o próprio fato da abstração. O resultado é uma ciência dos signos. No entanto, abordada do ponto de vista da imagem ao invés do ponto, a outra alternativa, a dialética, se torna um domínio macrocósmico de sentidos incorporados, símbolos que representam a si mesmos. Tal análise se transforma, quando sujeito às limitações inerentes à imagem, em um estudo do sentido. É uma "ciência" apenas se estivermos dispostos a colocar a previsibilidade e a precisão pontual da referência de lado em prol dos sentidos autoevidentes que são, para parafrasear uma observação de Felix Mendelssohn, "muito precisos para ser colocados em palavras".

Se as formas macrocósmicas podem ser distinguidas das microcósmicas por meio de sua autossignificação e seu alcance sensorial ampliado, elas podem ser contrastadas com a percepção "física" (não mediada), uma vez que estas possuem significação. É claro que a significação é extremamente particularizada e está associada aos próprios perceptos, ao invés de ser determinada por um código de valores abstratos. E é precisamente porque a imagem macrocósmica não é nem primitiva nem derivativa que podemos concluir que formas como a arte gráfica, a poesia, a música e o ritual também não o são – elas devem ser tão velhas, básicas e importantes quanto a linguagem, pois são parte da mesma condição.

A junção de imagens estéticas e "cotidianas" implícita nessa noção de percepção significativa pode muito bem parecer peculiar ou até mesmo errônea em vista de nossa tendência a

Roy Wagner

considerar a percepção como um ato natural, e a arte como um ato artificial. A discriminação e o reconhecimento envolvidos em nossa apreensão cotidiana – ver, escutar, tocar, e a faculdade geral que integra esses "sentidos" – do mundo ao nosso redor são atividades culturais e simbólicas. Cada pedaço deles é, em um nível muito abrangente, tão cultural e natural quanto a composição de Mozart, *As bodas de Fígaro*, ou quanto meu ato de escutá-la. Perceber que é disso que se trata não torna a arte algo mundano e ordinário, assim como não transforma listas de lavanderia em poesia, ainda que possa ser útil para compreender como a arte pode ser poderosa e as listas de lavanderia, nem tanto. Imagens estéticas possuem a mesma valência simbólica que as percepções significativas ordinárias: elas pertencem à dimensão da autossignificação. Nas palavras de Victor Zuckerkandl:

> Aquilo que os tons querem dizer musicalmente coincide com eles, e pode apenas ser representado por eles. Exceto no caso da linguagem criativa [...] e da linguagem poética, onde outras relações, mais "musicais", entram em jogo, a linguagem sempre possui um mundo de coisas pronto antes dela, ao qual ela designa palavras; enquanto tons devem, eles mesmos, criar aquilo que querem dizer.[22]

A diferença entre a percepção cotidiana e a criatividade artística não se dá entre um "sentir" naturalístico do mundo e uma "interpretação" significativa, artificial, do mesmo sentir, mas é antes a diferença entre um tipo de ato significativo e outro,

---

22 Zuckerkandl, *Sound and Symbol: Music and the External World*, p.67.

Símbolos que representam a si mesmos

de maior concentração, organização e força, dentro do mesmo foco semiótico. O poder de uma bela música, de uma impressionante tradição poética ou pictórica, é o poder de concentrar e antecipar, organizar e destilar a significância que nos auxilia na apreensão cotidiana da realidade. A arte é a lupa sob o sol do sentido. Se esse não fosse o caso, se as realizações transcendentais da arte não fossem, ao mesmo tempo, realizações transcendentais da realidade, sequer seria necessário desqualificar construções estéticas como meros artifícios ou ilusões.

O argumento fica mais claro com relação ao fenômeno histórico da iconoclastia, como ocorrida no Império Bizantino, na cultura islâmica e entre os seguidores de Savonarola e dos puritanos ingleses. Cada um desses movimentos era "fundamentalista" no sentido de que estavam comprometidos com o status da Escritura Sagrada como verdadeiro *logos*, ou Palavra, ou Deus ou Alá. A partir desse compromisso, muitas vezes enfático a ponto de se tornar protesto, a expansão da significância simbólica em compreensão macrocósmica tornou-se — automaticamente, por assim dizer — uma antecipação da criação divina. A simbolização macrocósmica, em formato representacional gráfico, e muitas vezes em outras formas, como o drama, foi interditada porque a própria dialética cultural havia sido sacralizada. Onde a palavra é realidade sagrada, sua expansão é criação divina.

Outro exemplo histórico, o dos impressionistas franceses, mostra que a natureza macroscópica da arte pode também ser uma descoberta secular. Há uma "tomada de consciência" no que concerne à relação entre a "realidade" e a pintura, que é discernível no desenvolvimento da pintura ocidental. Ela começa com a invenção de um "espaço terrestre", prossegue por meio do despertar da autoconsciência dos artistas que descobriram a pincelada e a arte de ocultar a arte, até a crise do "como pintar" entre os artistas na França e nos Países Baixos, na última metade do século XIX. A questão não era mais, como havia sido durante séculos, a evocação de um espaço terrestre sagrado ou secular, porque a função macrocósmica da pintura havia sido determinada. O artista estava no comando da percepção, porque a própria percepção era algo como uma pintura; não era mais necessário "representar" uma realidade dos sentidos mais verdadeira, mas apenas determinar como pintar, como utilizar os sentidos para criar a realidade. Desse ponto até as reivindicações dos cubistas, cujo esboço de figuras de forma cubista retratava a verdadeira realidade, foi apenas um passo.

Não importa se ela lida com "realidades" cubistas, tons modulados ou as metáforas estendidas eliciadas verbalmente em Shakespeare, a arte compartilha da simbologia qualitativa (aquilo que os neurofisiólogos chamam de "espacial") da experiência perceptual. Como simbologia, o macrocosmo é impermeável à sistematização, pelo simples fato de que ele já é uma espécie de figuração que a sistematização antecipa; organizar o percepto em sistema envolveria uma transformação ou metamorfose, e uma vez que a transformação ou metamorfose é simplesmente o meio pelo qual formas qualitativas sofrem mudanças, troca-se apenas um percepto pelo outro. O problema é basicamente o mesmo que o da glosa de metáforas: os termos da metáfora são eles mesmos a glosa. Pode-se, é claro, discutir racionalmente sobre as implicações que a metáfora possui para o discurso e, na maior parte dos casos, é disso que trata nossa literatura sobre metáforas. Pode-se, da mesma forma, discutir racionalmente sobre as implicações da construção macrocós-

Símbolos que representam a si mesmos

mica em geral para as relações culturais, e é disso que o presente estudo trata.

Ao lidar com elementos primitivos que são eles mesmos configurações, nosso problema é exatamente o oposto daquele do semioticista ou do estruturalista, que busca determinar a sistemática multiforme por meio da qual unidades elementares são combinadas de forma a construir complexidade. Transformação apropriada ("como pintar"), ao invés de reconstrução (ou desconstrução) exata, é o meu objetivo. Assim como Goethe, que buscou na teoria da cor, e maquinou metamorfoses, para estabelecer uma ciência natural baseada na objetividade das formas e dos sentidos autoevidentes, precisamos encontrar o genérico – neste caso, da transformação cultural – em meio a um detrito de formas. Tal genérico não precisa ser um determinante, imagem ou estrutura da "cultura", mas, antes, o que poderíamos chamar de uma imagem de nossa própria "interpretação" e, portanto, do sentido.

Uma metáfora, independente de seu escopo, apresenta, de forma invariável, o enigma do que Freud chamou de "condensação"[23] – uma riqueza de analogias potencialmente eliciadas, todas ao mesmo tempo, que faz da "leitura" da expressão, ou da fixação de seu conteúdo, uma questão de seleção do próprio "intérprete". Se levarmos em consideração a analogia da percepção "ciclópica" de Julesz, então a "imagem estereoscópica" projetada em uma metáfora requer um ponto focal convencional. Essa é uma propriedade intrínseca do sentido incorporado, o qual é sempre seu próprio ponto focal, um ponto que, apenas em alguns casos – casos limitantes em

---

23 Freud, *The Interpretation of Dreams*.

que a imagem macrocósmica se aproxima do microcosmo –, se torna convencional. E se escolhermos argumentar, como fiz aqui, que o indicativo da referência convencional, como "derradeiro subjuntivo", é ele mesmo uma variação da metáfora ou do tropo, então o problema do sentido condensado também diz respeito ao convencional.

O problema da "leitura" do fluxo analógico eliciado pode ser impedido, até certo ponto, pela contextualização, utilizando o padrão ou a tendência de outros tropos associados como guias da interpretação interpolativa de um exemplo particular. (A convenção talvez seja, nesse sentido, contextualização social.) Se abordarmos um conjunto de analogias culturais, um ritual, por exemplo, como um conjunto contextual desse tipo, então a compreensão e a explicação de suas metáforas individuais podem ser iluminadas pela variedade ou tendência do todo; um senso geral do todo informará a interpretação de suas partes e vice-versa.

Mas se pudermos construir o ritual, como um todo, enquanto tropo, então as inter-relações contextuais entre seus componentes – seus tropos constitutivos – serão relações entre partes do tropo com o todo, e teremos analisado o tropo. A força do genérico reside não em alguma "semelhança familiar" entre as imagens constitutivas de um ritual, mas na holografia da parte e do todo – o fechamento dos constituintes para formar um tropo ou metáfora em um enquadramento mais abrangente de significância cultural. O todo é na verdade a condensação, por meio da ordem do genérico, dos constituintes, e a condensação torna-se assim a ordem da construção cultural.

Se retornarmos agora ao meu ponto de partida, o contraste entre o nome como referência e o nome como relação analógica,

Símbolos que representam a si mesmos

torna-se claro que a dialética do macrocosmo e do microcosmo, como estratégia analítica, resulta em um englobamento de todo o contínuo simbólico dentro do âmbito das relações analógicas. Tendo descartado a noção saussuriana de "signo" como a fronteira da abstração (e, portanto, do simbolismo), os pontos de referência simbólicos devem eles mesmos ser tratados como construtos analógicos – metáforas –, ainda que sejam, na verdade, a condição limitante da metáfora. Isso significa que a dialética opõe as imagens coletivas da convenção (incluindo códigos lexicais) às imagens relativamente macrocósmicas da percepção total em um jogo recíproco de restrição e expansão.

Demonstrei que o nome (ou, é claro, o símbolo) como "ponto de referência" possui o efeito de parar ou controlar o fluxo de analogias para fins sociais. (Uma criança daribi anteriormente não nomeada pode tanto ser chamada de *poai*, "nomeada", ou *poziawai,* "não nomeada", aspectos analogicamente opostos da mesma sequência; mas, para fins de nomeação e identificação, o jogo de analogias deve parar *em algum momento*, de forma que um nome seja escolhido.) O símbolo como *imagem*, como eliciação de analogias condensadas, múltiplas, faz a ligação entre os nomes como pontos de referência, colocando-os em um campo relacional. A transição envolvida na expansão de uma metáfora em enquadramentos mais abrangentes de referência cultural é uma expansão transformacional através de um campo relacional, mas ela é também controlada pelas exigências do que eu chamei de "genérico", a holografia da expansão do tropo que é o concomitante formal da condensação.

Se as imagens ou pontos de referência, macrocosmo e microcosmo, são na verdade mediadores, então eles devem alcançar sua significação – e sua constituição – no ato da mediação.

41

Roy Wagner

Um ponto de referência é significante, e significativo, porque medeia pontos de referência. Assim, o movimento ou processo de expansão de metáforas-ponto em metáforas-enquadramento, que chamei de *obviação*,[24] incorpora um movimento de vai e vem ao longo da dialética até que a mediação seja resolvida. A obviação pode ser vista como a resolução dialética da mediação, a exaustão de um mediador e das relações estabelecidas por ele, já que a mediação se condensa em um de seus polos. A obviação da imagem, no polo macrocósmico, dissolve-se na formação de uma metáfora convencional (ou moral) relacionando o factual e o coletivo (Figura 3A); a obviação da convenção, no polo microcósmico, dissolve-se na formação de uma metáfora individuante que relaciona o factual ao coletivo (Figura 3B). Em cada caso, a interação mediadora dentro da dialética (que colapsa, na Figura 3, em um movimento linear, mas que é mais bem retratada como uma oposição ternária), conduz ao englobamento de um polo pelo outro.

A expressão formada por tal resolução assume o controle de toda a função da dialética na mediação entre o coletivo social e a incorporação factual. Mas isso não significa que ela inclua aqueles aspectos da realidade em sua articulação formal: é impossível porque eles não são simbólicos – apenas os conhecemos por meio da mediação entre a referência cultural e a imagem cultural. O próximo capítulo apresenta um exemplo etnográfico de tal mediação dialética, uma sequência de obviação. A recursividade da própria dialética, e os polos externos de coletividade social e de fatos incorporados da qual ela é mediadora, são constituídos por ordens exponenciais ou potências do tropo.

---

24 Wagner, *Lethal Speech*: Daribi Myth as Symbolic Obviation, cap.1.

A: FORMAÇÃO DE UM TROPO CONVENCIONAL

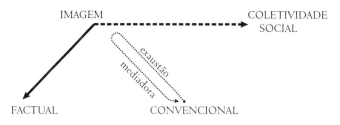

B: FORMAÇÃO DE UM TROPO INVDIVIDUADOR (FACTUAL)

Figura 3: Obviação como resolução mediadora.

Eu gostaria de concluir essa discussão sobre a dialética introduzindo a primeira e mais imediatamente relevante entre elas, o tropo de segunda ordem.

A reversibilidade inerente à obviação – o fato de que a expansão do ponto ao enquadramento pode ir do microcosmo ao macrocosmo ou do macrocosmo ao microcosmo – equivale à sua condição possibilitadora, ao caráter da própria dialética. Isso pode ser compreendido em termos da noção de "metáfora de fundo", observada anteriormente: que quando o "como se" inferido em uma metáfora é estabelecido (como um "é"), o "é" das referências convencionais torna-se ele mesmo um "como se" metafórico. Essa reversibilidade equivale ao princípio subordinante, o tropo de segunda ordem da reversão figura-fundo, por meio do qual uma percepção pode ser invertida por seu "fundo" perceptual. Portanto, a dialética é possibilitada por sua reversibilidade, pelo fato de que – apesar de diferencialmente e de modos diversos – o microcosmo referencial e o macrocosmo incorporado podem servir alternativamente como figura e fundo um do outro.

Assim como um tropo em nosso entendimento cotidiano equivale a uma percepção dentro do campo de referência convencional, a reversão figura-fundo é o *tropo da percepção*. Ela aplica o princípio do tropo ao tropo, mudando sua orientação e, assim, possibilitando e vinculando o escopo da obviação.

3
A metáfora disseminada:
a holografia do sentido

A abordagem mais tradicional nos estudos de parentesco, estabelecido por Louis Henry Morgan,[25] tem sido a de supor que culturas se encaixam em um regime de "parentesco natural", dado pelos "fatos" da genealogia, organizando-se em um conjunto de papéis sociais que se desenvolvem em um sistema de instituições, direitos e práticas matrimoniais. Quer consideremos o "dado" do parentesco natural como um artigo de fé ou como uma "heurística" útil, ele fornece um fundo de diferenciação não examinado e pré-pronto para uma antropologia que gostaria de limitar o escopo de seu estudo a coletividades e sua organização.

Uma abordagem analógica, em contrapartida, parte da centralidade da relação – o fato de que todos os modos de "relacionar" são basicamente análogos – e pergunta como a diferenciação dos tipos de relacionamento, impostos pela cultura, controla o fluxo de analogia entre eles. Por exemplo,

---

25 A discussão mais ampla e compreensiva dessa questão pode ser encontrada no livro de David M. Schneider, *A Critique of the Study of Kinship*.

Pode ser culturalmente apropriado para um tio agir "paternalmente", ou para um primo "ser" um irmão, mas tratar um filho ou um irmão como um amante ou um marido, ou uma mãe ou uma irmã como uma parceira sexual geralmente pertence a um fluxo inapropriado de analogias, que chamamos incesto. O parentesco analógico diz respeito à manutenção de um fluxo analógico moralmente apropriado, equilibrando similaridade ao invés de diferenciação, evitando que geração se torne degeneração, por assim dizer.

O *fluxo* de analogia, a inter-relação entre relações convencionais conhecidas, articula seu sequenciamento e significância em termos de concepções culturais de geração, criação ou qualquer outro termo que o mito da vida possa vir a ter. O próprio fluxo pode ser tratado, em parte, por meio dos modos e protocolos de acordo com quais as pessoas se relacionam umas com as outras — tabus, evasivas, jocosidade, reciprocidade —, mas seus símbolos mais importantes são geralmente aqueles que envolvem substância, espírito ou linearidade. Se os compreendermos como um modelo nativo do fluxo analógico, esses símbolos não têm tanto o caráter de uma "crença" ou de suporte de uma "estrutura", mas sim de temas em um mito.

O mito ou tropo daribi da vida e geração, que examinarei neste capítulo, alcança sua totalidade como parte de um conjunto mais amplo de tropos interligados, e não como modelo de casamento ou sociedade. Não importa que outra relevância eles pareçam ter para fins ecológicos, econômicos ou sociais, as relações de parentesco daribi obtêm seu sentido endógeno a partir da expansão desse tropo.

Estamos lidando, portanto, com relações em profundidade ao invés de parentes; e, mais que isso, estamos lidando com

Símbolos que representam a si mesmos

relações entre relacionamentos, as regularidades por meio das quais eles são constituídos, transformados e resolvidos. A realidade objetiva de tal regime de construção de parentesco reside não em seus referentes – comportamentos concretos, grupos de pessoas ou fluxos de genes reais –, mas nos sentidos, nas percepções que ele incorpora no curso de sua expansão em metáforas-enquadramentos mais abrangentes. Examinemos então como essa expansão ocorre entre os Daribi da Papua--Nova Guiné.

O parentesco daribi começa com o estabelecimento do noivado, com uma interdição restritiva de todo reconhecimento social (todo relacionamento "direto") entre um homem (e, em geral, seus irmãos) por um lado, com sua noiva e a mãe dela, pelo outro. Eles não devem se falar nem se olhar ou dizer o nome um do outro ou o nome da coisa ao qual o nome se refere, ou mesmo escutá-lo ser pronunciado. As pessoas mais importantes, o homem e a mãe de sua noiva, são ("verdadeiros") *au'* um do outro; toda interação entre eles deve ser mediada e comutada por meio da troca de riquezas. A transgressão do interdito deve ser retificada com uma pequena dádiva de riquezas ao *au'* feminino; o próprio noivado é formalizado por meio da apresentação de uma quantidade proporcional de bens "masculinos" para a linhagem da mulher e pelo retorno de um pagamento menor.

O interdito é uma *substituição* dos protocolos de afinidade, em seu sentido marcado, a evasiva total, por quaisquer outras analogias relacionais (como por exemplo eles serem amigos ou primos de segundo grau distantes) que possam ter previamente envolvido as pessoas em questão. Essa substituição, e a troca por meio da qual ela é efetuada, estabelece uma restrição

Roy Wagner

convencional na interação, reconhecimento e apresentação sociais, um microcosmo comportamental marcado entre os noivos e seus parentes mais próximos. Irei me referir a ela como substituição A. Além da relação *au'*, a afinidade também envolve os *wąi*, o homem (e seus irmãos) e o pai (e os irmãos e irmãs do pai) de sua noiva, uma relação cautelosa na qual os receptores do noivado agem com visível deferência e comedimento; e também a semelhante, mas menos enfatizada relação entre os *baze*, entre o homem (e seus irmãos) e os irmãos e irmãs da noiva. A sanção mais importante nesse microcosmo de relacionamento por meio da evitação e do respeito é o compromisso social conhecido como *hare* ("constrangimento") ou, talvez, "vergonha": definido como "aquilo que sentimos na presença de um *wąi*"), de forma que o interdito também pode ser simplesmente descrito como a imposição da *hare*.

Os casamentos daribi tradicionalmente começam com o noivado ou com o noivado transferido mais tarde (49,6% em uma amostra de 702 casamentos),[26] ou pela transferência levirática de esposas (46,8%), e meninas eram, em geral, prometidas em casamento durante a infância. Diz-se dos noivados que são outorgados "em troca de riquezas e carne", e a expectativa é a de que uma oferta relativamente constante de carne circulará do receptor do noivado para os parentes da menina. Uma imagética de carnes e riquezas permeia a negociação: os

---

26 As estatísticas apresentadas aqui foram inicialmente publicadas em Wagner, Mathematical Prediction of Polygyny Rates among the Daribi of Karimui Patrol Post, Territory of Papua New Guinea, *Oceania* 42, n.3. Estatísticas complementares foram publicadas posteriormente em Wagner, Analogic Kinship: A Daribi Example, *American Ethnologist* 4, n.4.

Símbolos que representam a si mesmos

que dão com generosidade podem esperar esposas adicionais vindas da linhagem de seu *wɑi* (16,7% de todos os casamentos contraídos depois do primeiro), e, em algum momento da negociação, a prometida deve visitar a residência de seu futuro marido (acompanhada de perto por sua mãe) "para ver se ele está acumulando a riqueza da noiva". O noivado, portanto, equivale ao estabelecimento de uma analogia de relações por meio de um fluxo de itens de riqueza destacáveis e partíveis, tradicionalmente carne e conchas. Esse "relacionamento" de riquezas que flui "horizontalmente" é substituído pela expectativa de interação humana cotidiana que foi restringida pelo interdito e por qualquer "fluxo" de substância comum que possa ser visto como tendo relacionado as partes anteriormente. Podemos distinguir entre essa consequência analógica do interdito e o fluxo "vertical" de substância corporal que é visto como "relacionando" pessoas. Eu a chamarei de substituição *B*; ela contrasta com a substituição "convencional" *A*, pois não estabelece diretamente uma distinção social, mas, ao invés disso, modela relações de forma analógica.

Os Daribi geralmente se referem ao noivado de uma mulher como a "captura de sua alma" (*noma' sabo*) pela linhagem do futuro marido. A alma (*noma'* também significa "sombra" ou "reflexo") é uma identidade partível, assim como a oferta de carne ou riqueza é uma analogia partível, e o uso que faço aqui é comparável à noção maussiana do *hau* maori, pois o espírito de uma dádiva compele reciprocidade.[27] A *wegi noma'* ("almamenina") é, portanto, a identidade social da prometida "toma-

---

27 Mauss, *Ensaio sobre a dádiva*. Ver também a discussão aprofundada sobre o *hau* maori em Sahlins, *Stone Age Economics*, cap.4.

da" como um tipo de caução pela sua outorga definitiva, como retorno sobre as prestações de carne e riqueza, o reconhecimento e afirmação do relacionamento como fluxo horizontal.

O ato de casar, *we kẹbo* (o ato de "amarrar" ou "prender" a mulher), redime a expectativa ou dívida criada pelo fluxo de prestações. Ao fazê-lo, também concede ao fluxo horizontal uma polaridade de gênero particular: ele o "sexualiza" ao estabelecer um fluxo bidirecional de mulheres (já que parentes de sexo feminino da noiva agora se tornam normativamente casáveis, na mesma direção) em relação à carne e à riqueza. Essa substituição, o rito convencional da troca matrimonial, que identificarei como substituição *C*, condensa um copioso espectro de implicações e possibilidades perceptuais em um único ato dramático.

O rito consiste na apresentação da riqueza da noiva perante a casa do pai da noiva, e em sua aceitação pela noiva. O noivo e quatro ou cinco homens de sua linhagem vestem um traje chamado *ogwanoma'* (literalmente, "alma-menino", mas dito como uma palavra): uma cobertura de carvão cobrindo a totalidade visível do corpo, um cocar feito de penas pretas de casuar e decoração branca contrastante – o tradicional traje de guerra masculino. Os homens assumem uma postura rígida, tensa, em fila única, encarando a porta da casa, mantêm-se no mais completo silêncio, e cada um deles carrega parte das conchas – tradicionalmente o elemento mais importante do dote – na mão esquerda, um arco e um maço de flechas na mão direita. A noiva sai da casa vestida de forma esplêndida e caminha ao longo da fileira coletando as conchas de cada um dos homens para então entregá-las ao pai. Conforme cada homem é liberado de suas conchas, ele pega uma das flechas com a mão esquerda e volta rigidamente para a posição de "atenção".

A alma-menino é a contraparte literal da "alma" da menina que é "tomada" com o noivado; ela é exibida na mesma ocasião em que a "alma" da menina, por assim dizer, é substituída pela própria menina, e a promessa de uma mulher em troca do fluxo de riqueza é cumprida. Mas o *ogwanoma'* em si *não* é transmitido, apenas exibido; as conchas é que são transmitidas e, quando isso ocorre, são solenemente substituídas por uma flecha. Ao contrário da alma-menina, a alma-menino é *mantida*, e mantida em postura marcial; além do mais, a formação do grupo do noivo é utilizada pelos Daribi como uma metáfora para a sucessão segundo a ordem de nascimento e linearidade (*e turibadu*, " e atrás dele está..."). O grupo do noivo e a *ogwanoma'* dramatizam a continência do fluxo *vertical* masculino em relação ao escoamento horizontal de riqueza masculina. Além disso, a conduta e o comportamento dos homens apontam para a contingência desse fluxo; ele é algo que deve ser defendido e salvaguardado.

A composição da riqueza da noiva e sua contraprestação enfatizam essa identificação de gênero e expõem sua relatividade. O dote consiste de riqueza masculina – porcos, conchas e outros derivados da atividade produtiva masculina, como machados e facões; ele é dividido em duas partes: *were oromawai* ("dado para a mulher sem expectativa de retorno") – a parte que é dada como compensação pela mulher – e *we pona siare* ("mulher-compra-realizada") – a parte que serve de compensação pelo pagamento dado em troca pela mulher. Esse "dote", chamado *sogwarema mabo*, consiste em sua maior parte ou inteiramente de riqueza feminina, artefatos e/ou derivados da produção feminina, como mantas feitas a partir de casca de árvore, sacos de rede ou tecidos de troca. É significante que a compensação pela mulher seja feita com itens de riqueza *masculina*; ela não é "substituída", por exemplo, como pessoa do sexo feminino, com uma prestação em coisas de mulheres. Isso ocorre porque ela é vista, por sua linhagem natal, como uma parte de seu próprio fluxo vertical *masculino* e sua perda, para esse fluxo, deve ser compensada com riqueza masculina. "Nós", para os Daribi, é sempre um contingente masculino. (O endividamento da noiva com relação à sua linhagem materna é quitado na ocasião do casamento, por um pagamento feito com parte da riqueza da noiva.) É apenas a linhagem do marido que vê os doadores de esposa como fluxo feminino, e eles se apresentam perante os receptores da esposa como doadores tanto de riqueza feminina quanto de mulheres.

A substituição C marca o retorno ao polo convencional ou macrocósmico da dialética, estabelecendo B como o mediador analógico entre dois pontos de referência convencional (noivado e casamento). Mas ela também aparece como uma síntese hegeliana, mediando entre um interdito criado em A e o fluxo de riqueza horizontal em B, estabelecendo um relacionamento matrimonial por meio da reciprocidade do fluxo. Ela torna o fluxo horizontal sexualmente complementar, como o é o interdito, e suplementa o interdito com um relacionamento; mas ela também motiva, de forma retroativa, a complementariedade sexual do interdito original (A), proporcionando um fundamento baseado no fluxo para o pareamento do *au'* masculino e feminino como iniciadores (Figura 4).

Símbolos que representam a si mesmos

Como ponto de mediação, *C* (como indicado pela configuração triangular da Figura 4) também está *entre* os polos microcósmico e macrocósmico representados por *A* e *B*; seu status como ponto de referência convencional é obtido em virtude da analogia do fluxo horizontal fornecido pela substituição *B*. Sua constituição de uma metáfora convencional através da construção de um contrafluxo analógico feminino é, a essa altura, tornada um tanto quanto arbitrária e relativa, uma vez que ela é "feminina" apenas no que diz respeito aos receptores de esposa. Para os doadores de esposa, já que cada linhagem vê seu próprio fluxo como masculino e vertical, é uma depleção a ser compensada com riqueza masculina. Assim, a construção passa a ser transparente, pois torna óbvio que a identidade de gênero do fluxo depende do ponto de vista de alguém.

Esse é o segundo sentido da "obviação" (tornando-a uma metáfora do efeito metafórico); ela torna suas construções progressivamente mais *óbvias* conquanto as mediações cumulativas da dialética vão se tornando cada vez mais relativas. Como simbolizações perceptuais mediando dentro de seu próprio fluxo, os estágios da obviação se transformam em percepções dentro daquele fluxo.

O primeiro fechamento na sequência de relações de parentesco daribi estabelece o fluxo analógico como meio de construção do parentesco. Mas o ponto de fechamento, em *C*, também serve como ponto de referência mediando entre duas expressões macroscópicas e, assim, leva a uma nova "abertura", por meio de uma "antítese" hegeliana, na substituição *D*. Essa substituição está relacionada à atividade procriadora que culmina no nascimento da progênie e que pode ser melhor compreendida por meio da noção de concepção daribi.

53

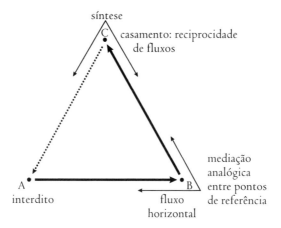

Figura 4: Primeiro fechamento na sequência de parentesco daribi.

Os Daribi consideram a masculinidade como sendo um efeito do fluido seminal, *kawa*, contido e desenvolvido dentro de um sistema de tubos (*agwa bono*) e nodos (*agwa ge*) que conhecemos como sistema linfático, e transmitido pelo homem durante o coito. Ele flui pelo sangue no útero e forma a camada exterior do embrião: a pele, os olhos, dentes e cabelo, assim como o sistema linfático e a genitália do homem, e o sistema linfático e as glândulas mamárias da mulher. A feminilidade é considerada um efeito do sangue maternal, *pagekamine*, contido no sistema circulatório e fornecido pela mulher durante a concepção da criança. Ele forma a camada interna do embrião: ossos, vísceras e outros órgãos internos e o sistema circulatório. A menstruação libera o *pagekamine* para fins de procriação.

A diferença crucial entre esses fluidos e as características que eles objetificam são a contingência relativa da masculinidade e do suprimento de *kawa* do homem, e a suficiência relativa da feminilidade e do suprimento de *pagekamine* da mulher.

Símbolos que representam a si mesmos

É necessária uma certa quantidade de ambos os fluidos para a formação de um embrião e, apesar de a quantidade de sangue no corpo de uma mulher ser sempre tida como suficiente para isso, a quantidade de fluido seminal que um homem recebe de seu pai nunca é suficiente para a concepção, e deve ser aumentado. Ele é reabastecido e suplementado pelos sucos e gordura da carne consumida, os quais entram no sistema de *agwa* (na mulher, eles são transformados em leite materno). A carne é, portanto, um complemento externo do potencial reprodutivo masculino, seu complemento partível e portátil, e também é, em consequência, a ligação entre o fluxo analógico vertical e o horizontal. A necessidade de adquirir, controlar e acumular carne em quantidades adequadas, em momentos apropriados, uma vez que essas atividades são sociais e recíprocas, transforma a contingência física masculina em uma contingência social. Os Daribi explicam o fato de forma sucinta: "Nós casamos com aquelas (linhagens) com quem não comemos carne".

Todavia, a concepção e o nascimento da progênie passam a modelar aquilo que, até agora, havia sido negociado em termos de analogia externa, o fluxo de dádivas de carne e riqueza contra as dádivas de mulheres e bens femininos, como fluxo interno – de substância corporal. O casamento, que fora efetuado apenas por meio da reciprocidade de fluxos horizontais, passa a ser replicado analogicamente como fluxo *vertical*, a conexão de substância entre pais e progênie e entre linhagens. Assim, a substituição do fluxo vertical e interno pelo fluxo horizontal e externo (e de um "casamento" de fluidos, do primeiro, pelo casamento, no segundo) controverte diretamente e "cancela" o sentido do interdito em *A*, que era o de anular qualquer relação entre as linhagens envolvidas. Podemos, assim, diagramar essa substituição *D* diretamente acima de *A* porque, apesar de aquela representar o modo dialético oposto, ela trata da mesma questão que *A* (Figura 5).

A substituição *D* corresponde ao ponto mediano da sequência, o estado no qual a relação, a princípio interditada, destaca-se e passa a levar a analogia externa da troca consigo. Essa substituição também intensifica a dita relativização percebida na substituição *C*, uma vez que, ali, a relatividade do homem em contraste com o fluxo feminino passa a estar encarnada na constituição da persona cultural. A analogia que liga pessoa a pessoa, unidade a unidade (e não podemos esquecer que *toda* pessoa representa tal analogia),

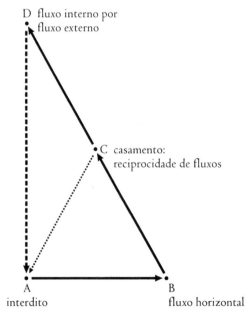

Figura 5: Cancelamento do interdito.

Símbolos que representam a si mesmos

é percebida como masculina pelos doadores de esposa (que veem os "filhos de sua irmã" comportamental e terminologicamente como *seus*) e como feminina pelos receptores de esposa. De acordo com esse ponto de vista, cada lado considera a criança que forma a analogia como sendo seu próprio fluxo interno, ainda que o uso convencional ameace a analogia resultante do ponto de vista dos receptores de esposa como um fluxo de *pagkamine*, ou sangue materno. A linhagem materna da criança, em geral representada por um tio materno, é seu *pagebidi*, "proprietários" ou "pessoa-base". No entanto, não importa que ponto de vista se adote, a analogia serve para relacionar duas linearidades envolvidas, desgastando e tornando ambígua qualquer expressão de sua distinção.

Logo, uma restrição convencional ou ponto de referência social adicional se fazem necessários para interditar um fluxo descontrolado de analogia relacional. Ela toma a forma de uma modelagem do fluxo externo, horizontal, sobre o fluxo interno (vertical), como a convenção socioestrutural generalizada que chamei de "patrilinearidade normativa".[28] Ela correlaciona a *partilha* de carne e riquezas ao fluxo de substância masculina, e a *troca* de carne e riqueza ao fluxo feminino (*pagekamine*). Como declaração social de gênero por excelência no que diz respeito à constituição social, ela opõe a contingência masculina — a necessidade masculina de acumular e compartilhar carne e riqueza tanto para procriação física quanto para a social — à suficiência feminina. Esta última se manifesta na noção de que os *pagebidi* possuem, em virtude de seu laço "sangue-base", um tipo de direito primordial à criança que pode ser exercido

---

28 Wagner, *The Curse of Souw*: Principles of Daribi Clan Definition and Alliance, p.147-50.

reivindicando-a em caso de negligência paterna ou, isso não sendo possível, amaldiçoando a criança à doença ou morte.

A substituição *E*, internamente motivada pela troca externamente motivada, carrega uma vasta gama de implicações perceptuais e sociais. Como expressão convencional, ela fornece um fechamento sintético para a sequência tese-antítese que começa com o casamento em *C*. Ela organiza os dois fluxos, reunidos em *C* e internalizados em *D*, em termos de contingências e prioridades morais. Como ponto de definição para a contingência masculina e para a suficiência feminina, ela fornece uma motivação retroativa para a dramatização *ogwanoma* durante o rito matrimonial *(C)*. Como modelo para o fluxo ou troca horizontal aplicado diretamente ao fluxo interno, de substância, ela converte e cancela a substituição *B*: o estabelecimento de um fluxo horizontal *em lugar do* fluxo vertical ou interno (Figura 6). Sobretudo, ela organiza os pagamentos *pagehabo* que definem a linearidade em contraste com a analogia relacional, e o fluxo levirático de esposas *dentro* da linearidade. Por fim, na medida em que fomenta um fluxo de esposas dentro da unidade de compartilhamento e um tipo de compartilhamento com o tio materno fora da unidade, a substituição *E* faz avançar quase ao limite a relativização do fluxo interno em contraste com o externo.

O *pagehabo* (de *pagehaie*, "pagar o *pagebidi*") equivale a uma série de substituições de riqueza masculina devidas ao *pagebidi* da criança, com o propósito de amortizar a saúde da criança e o status de pertencimento no que toca às prerrogativas do *pagebidi*. O *pagehabo* é pago alguns anos depois do nascimento, durante a iniciação masculina ou o casamento feminino e, de novo, quando do a pessoa morre. O pagamento é muitas vezes postergado ou negociado, e é tradicionalmente requerido na ocasião do nascimento dos três primeiros filhos de uma mulher.

Símbolos que representam a si mesmos

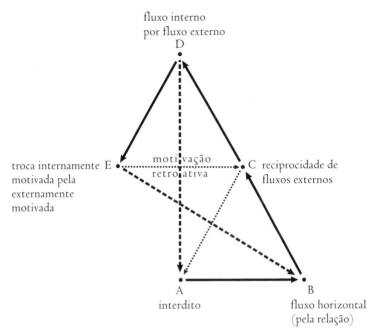

Figura 6: Segundo fechamento; cancelamento da substituição *B*.

Um homem adulto deve parear com um de seus tios maternos em uma relação de troca contínua; o status de *pagebidi* com relação à mulher adulta é comutado para seus irmãos com o casamento (parte da motivação retroativa da substituição *C* pela *E*, de acordo com a qual a *wegi noma'* e a *ogwanoma'* são definidas como suficiência feminina e contingência masculina).

O *pagehabo* é relativizado pelo fato de que, se a criança puder ser vista como compartilhando da linhagem (sobretudo a do fluxo analógico masculino) do *papegbidi*, os pagamentos podem ser interpretados como um *compartilhamento* entre a criança e o *pagebidi*. É isso que ocorre quando um jovem se aproxima da maturidade e começa a ser responsável por fazer seus próprios pagamentos, e é acentuado pelo hábito popular. A maioria das trocas daribi envolve a reciprocação de uma prestação menor, chamada *sogwarema*, por parte dos receptores da prestação principal. No entanto, no caso de a criança ser do sexo masculino, a riqueza *sogwarema* será, na maior parte dos casos, retida pelo *pagebidi* até que ele cresça e comece a juntar sua própria riqueza da noiva, momento em que a *sogwarema* será, para esse fim, transferida a ele. No entanto, mesmo se a *sogwarema* não tiver sido retida, um pedido de contribuição para a riqueza da noiva feito ao *pagebidi* deve ser atendido. Não importa por que meios, essa contribuição tem o efeito de transformar a "troca" em "compartilhamento" entre parceiros de linhagem, em particular porque as contribuições para a riqueza da noiva são indicadores importantes de tal compartilhamento.

O *pagebabo* modela a troca de riquezas sobre o fluxo interno (e chega a modelar a relativização desse fluxo de acordo com o ponto de vista linear); o levirato júnior modela a troca de esposas sobre o fluxo analógico interno *dentro* da unidade. Além disso, o modelo normativo segundo o qual o levirato é organizado enfatiza o *fluxo*: a herança (ou noivado) da esposa deve ser linear, do mais velho ao mais novo. O irmão mais velho é chamado de *gominaibidi*, o "homem cabeceira" ou "homem fonte", em analogia ao *we-gomo*, ou "cabeceira", o ponto mais alto na fonte de um córrego. (Um "fluxo" de pai para filho também é encorajado, contanto que a mulher não tenha alimentado este último). O fluxo nem sempre corresponde a essa norma (apesar de as estatísticas indicarem que isso ocorre na maioria dos casos)[29] e

---

29 Wagner, Analogic Kinship, p.637. Em uma amostra de 397 transferências leviráticas, 216, ou 54,3%, envolviam a herança de uma fonte normativamente preferida de esposas; 40, ou 10,4%, de uma

Símbolos que representam a si mesmos

há uma incidência muito pequena (3,8%) de sucessão entre tio materno e sobrinho.

"Compartilhar", na troca daribi, geralmente quer dizer compartilhamento (dar, a saber, sem expectativa de retorno imediato) de itens de riqueza masculinos. A "troca" geralmente envolve dar essas riquezas contra um fluxo considerado feminino. No momento que a criança nascida na substituição *D* tiver chegado à maturidade teremos, ainda que excluídas anomalias como a troca levirática entre tio materno e sobrinho, uma situação de compartilhamento entre linhagens e um fluxo de esposas dentro da linhagem masculina. A relativização atinge o ponto em que o alinhamento normativo do compartilhamento e da troca com o fluxo estará comprometido porque os dois tipos de fluxo passam a modelar completamente um ao outro. Assim, a percepção da arbitrariedade na distinção entre os tipos de fluxo, de início encontrada na substituição *C*, aumenta em acuidade ao ponto de que uma analogia precisa pode ser percebida entre eles. Essa analogia, portanto, medeia a transição final.

A progênie de um irmão e uma irmã, respectivamente, relacionam-se por uma combinação de laços femininos e masculinos (na perspectiva da linhagem do marido da irmã); o homem que é *pagebıdı* de um grupo é pai do outro. Esses primos cruzados, ou *hai'*, como os Daribi os chamam, em geral pertencem a patrilinhagens separadas e distintas, linhagens que permanecem distintas graças ao *pagehabo* pago para mediar a ligação analógica (feminina) entre eles. Mas também é verdade que o mesmo homem que compartilha a riqueza da noiva com

---

fonte permissível, mas não preferida, de esposas; e as outras eram muito distantes para serem traçadas ou muito ambíguas com relação ao seu status normativo.

um grupo de homens como seu pai o faz com o outro grupo como *pagebidi* e, por causa de seu modelamento mútuo, os dois fluxos que se encontram nesse homem tornam-se o mesmo. Os Daribi dizem que os *hai'* "são o mesmo que irmãos", que eles deveriam tratar e pensar no outro como irmão. De fato, na medida em que os fluxos analógicos feminino e masculino podem ser vistos como equivalentes, como o "mesmo" fluxo, os *hai'* são como irmãos. Visto que se pode discriminar entre tipos de fluxo, a metáfora da "irmandade" torna-se qualificada. Essa qualificação implica o fato de que os *hai'* matrilaterais de sexo masculino passam a ser caracterizados como *pagebidi* e podem ser chamados de *dwano pagebidi* ("pequenos *pagebidi*"): eles têm o direito de compartilhar a riqueza dos pagamentos *pagebabo* do ego e podem rogar a praga *pagebidi*.

Apesar da qualificação, o relacionamento normativo entre os *hai'* se baseia na equivalência entre dois tipos de fluxo e na "irmandade" implicada por ela. Portanto, um *hai'* do sexo masculino deve contribuir para a riqueza da noiva do outro, como irmãos o fariam, e têm o direito de compartilhar da riqueza da noiva recebida por suas respectivas *hai'* de sexo feminino, assim como irmãos o recebem por suas irmãs. Como "irmãos", os *hai'* do sexo masculino podem reclamar viúvas uns dos outros (reclamação avaliada, em prioridade, como estando logo abaixo daquela do irmão mais novo). Porém, uma vez que a qualificação e, mais especificamente, uma vez que a equivalência entre os fluxos é mediada por um "compartilhamento" mútuo de riquezas com o *pagebidi* da ligação qualificadora, os direitos e obrigações do *hai'* são expressos por meio do idioma da troca. As reinvindicações leviráticas do *hai'* devem, portanto, ser validadas por trocas equilaterais entre co-herdeiros respectivos (pagamentos reembolsáveis caso não haja herança). Além

Símbolos que representam a si mesmos

disso, a assimetria matrilateral é codificada como uma implicação menor da senioridade levirática por parte do *hai'* patrilateral que, se for um *gomninaibbidi* (o mais velho de sua série de irmãos), não pode herdar a viúva de seu *hai'pagebidi*, "porque sua mãe veio de lá". Em certo sentido, o fluxo de riquezas *pagehabo* para o *hai'* matrilateral é transformado, por meio da metáfora da irmandade, em um fluxo quase linear de esposas.

A substituição *F* surge como uma consequência analógica que "acontece" à restrição convencional da substituição *E* como dois tipos de fluxo que modelam um ao outro. Podemos falar de uma substituição da equivalência de fluxos por fluxos normativamente distintos – masculino e feminino, uma expressão que serve para controverter e cancelar o "casamento" de fluxos distintos e opostos na substituição *C*, e que está em uma relação de implicação obviativa com o interdito, *A*, que iniciou a sequência (Figura 7). Se o relacionamento é comutado para fluxo analógico, e o fluxo é reduplicado sexualmente, e a reduplicação é internalizada – a internalização modelando a troca externa que, por sua vez, funde os dois fluxos internos em um –, então chegamos a uma analogia relacional universal e sem gênero, derivada, no limite, do interdito, mas completamente antitética à sua intenção (de gênero, revogação do relacionamento). Isso pode ser expresso, para fins desta análise, como a substituição final, *G*, contígua a *A*, a imposição original do interdito, mas que o suplanta.

A execução de tal substituição, estando de tal maneira pressuposta, é tão desnecessária quanto um movimento de xeque-mate no xadrez. Mas seria de fato útil, para fins analíticos, determinar a natureza da substituição e a amplitude de suas implicações. Como suplantadora obviacional da substituição *A*, ela está em relação antitética ou negativa à substituição; mas, por causa de sua posição no diagrama (ou seja, coextensiva a A), ela se encontra em relação de contraversão e cancelamento com a substituição D. Como negação, ou "não", de *A*, ela também está em uma situação, sobretudo paradoxal, de ser "não" de *D*, que é ela mesma um "não" de *A*: é o que Richard Schechner, na verdade, chamaria de "não-não" de *A* – a negação de sua negação que ainda não é a própria coisa. Já foi ressaltado anteriormente que a antítese obviadora de *A*, alcançada via fusão de fluxos internos por meio da troca de riquezas externas, seria uma espécie de analogia relacional universal e sem gênero.

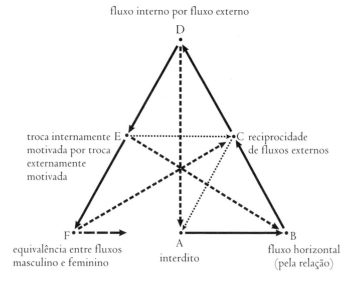

Figura 7: O ponto de implicação obviativa.

Considerando o papel do fluxo externo na mediação *F*, assim como os termos da substituição *D* (fluxo interno, vertical, por meio da concepção, em lugar do fluxo externo), parece que esse "não-não" também envolve um tipo de concepção *externa*, ou seja, uma concepção envolvendo objetos de valor.

Símbolos que representam a si mesmos

Podemos descrever a substituição G, portanto, como uma "analogia relacional universal via concepção por meio de objetos de valor em vez de relações internas por meio da equivalência de fluxos", e entender com isso que seres humanos estão inter-relacionados por meio da circulação de carne e conchas, as quais, apesar de não terem gênero, "reproduzem" seres humanos movimentando-se externa e inversamente ao seu próprio fluxo analógico.

A substituição G representa o fechamento sintético da terceira mediação dialética da sequência e também efetua a resolução da própria sequência. Como síntese, G medeia entre o modelamento interno do fluxo ou troca externa em *E*, e a equalização de fluxos internos mediados pela troca, em *F*, ao afirmar o paralelismo entre fluxo interno universal e um fluxo externo universal. O fluxo de carnes e conchas *elicia* a analogia universal de substância.

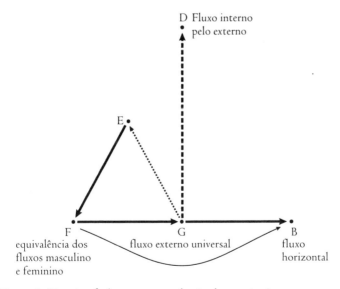

Figura 8: Terceiro fechamento; resolução da sequência.

Isso fornece uma motivação retroativa para o "compartilhamento" entre um adulto do sexo masculino e seu *pagebidi* na substituição *E*, pois o fluxo de riquezas elicia uma relação analógica "interna" entre os dois (Figura 8).

Como "não-não" da substituição *A*, *G* marca o estágio final da relativização, pois ela implica o paradoxo da relação universal por meio de objetos de valor partíveis e externos que foram substituídos pela relação em *B*. Mas, de certa forma, a sequência nunca termina, pois *G* (ao suplantar *A*) representa a transição mediadora da equivalência entre fluxos internos via fluxos externos, em *F*, e o fluxo externo no lugar da relação em *B* (Figura 8).

É claro que a substituição *G* não é o "resultado" ou a somatória da sequência como um todo, mas sim um tipo de limite último, por meio do qual a relativização se disseminou até a exaustão de suas possibilidades. *G* é ambígua pois nega referencialmente e referencia negativamente *A*, mas também é ambivalente na medida em que tanto marca a conclusão da sequência, suplantando seu ponto de partida, como facilita sua continuidade através da ligação entre *F* e *B*. A consequência da sequência é a formação de uma metáfora-enquadramento mais ampla da relação bilateral, por meio da obviação e exaustação da convenção, ou ponto de referência, que restringe o parentesco (como na Figura 3B). O *sentido* da sequência, uma vez que engloba o desenvolvimento de um "símbolo que representa a si mesmo", está incorporado ao seu estabelecimento e também é exaurido no decorrer do processo.

Uma vez que ela requer várias gerações para o seu funcionamento – isso porque seus pontos de transição foram os eixos estáveis das relações de longo prazo entre pessoas – e uma vez

Símbolos que representam a si mesmos

que qualquer pessoa pode simultaneamente engajar uma quantidade diferente de eixos, a sequência raras vezes parece ser o que é. A tendência, tanto para os Daribi quanto para quem está de fora, é focar nas combinações e complementaridades relativamente fixas entre relações: famílias, linhagens, terminologias de parentesco e similares. Mas se mantivermos em mente que aquilo que é moldado como "fluxo", em suas variadas formas e transições, não é a carne, nem as conchas ou o sangue, nem o sêmen, mas o sentido relacional, então é nítido que as aberturas e os fechamentos da sequência obviadora são o impulso que orienta famílias, linhagens e terminologias de parentesco. A organização do parentesco é a maneira como as pessoas percebem e determinam seus relacionamentos umas com as outras, e o fluxo obviador modela a percepção e a organização. Tropo que negocia a transformação entre restrições e convenções de parentesco microcósmicas em relações macrocósmicas, a sequência que acompanhamos é também a execução processual de um mito, o mito do parentesco daribi.

A obviação, como processo, engloba o mesmo tipo de operação que a da formação do tropo a partir de pontos de referência simbólicos. Podemos, portanto, falar de qualquer exemplo de tropo, ou de uso trópico, como um exemplo de obviação, e considerar uma sequência de obviação, como a que acabamos de explorar, como um tropo. Uma explicação verbal do processo ou análise diagramática seria útil e apropriada apenas se permanecer fiel à correspondência holográfica entre uma metáfora-ponto e uma metáfora-enquadramento. Mas, uma vez que uma verdadeira correspondência holográfica envolve certo grau de condensamento, ou intensidade imagética, e uma recursividade que desafia reduções a relações referenciais e lineares

Roy Wagner

necessárias à análise, minha explicação do processo de obviação não pode descrever nem reconstituir de modo adequado o processo em si, servindo apenas para eliciá-lo, da mesma forma que uma metáfora verbal elicia um tropo. Um tropo não pode "acontecer" em palavras ou diagramas, mas apenas como resultado da "competência" analógica ou interpretativa daqueles que o percebem e que, desse modo, percebem *por meio* dele. É completamente *ad hominem*, e *ex hominem*.

O que parece uma dialética recursiva, e mesmo evolvente, é na verdade uma dialética que está mediando sua própria polaridade, movimentando-se em direção e em meio ao seu próprio *limiar* e, com sorte, facilitando a percepção de sua própria constituição no caminho. Uma explicação verbal é adequada apenas se puder eliciar tropos verbais (metáforas de metáforas) para "configurar" o processo; um diagrama "estrutural" é adequado apenas se sua estrutura for obviada com o mesmo propósito. Consideradas ao mesmo tempo, as explicações estruturais e verbais servem para eliciar o movimento trópico que nenhuma das duas pode, isoladamente, demonstrar de forma adequada.

Assim, a explicação diagramática que apresentei como um "genérico" das metáforas-enquadramento abrangentes é totalmente artificial, um "modelo". Ela não é uma obviação, mas um adensamento da dialética hegeliana e a diagramação ternária da mediação em um formato recursivo e fechado. Sua maior virtude é acondicionar diversas inter-relações em uma imagem concisa – uma contraparte, no polo macrocósmico, da sequência microcósmica da explicação verbal. Assim como palavras eliciam o tropo, a imagem modela a expansão holográfica do tropo que é ponto de referência em uma totalidade mais ampla.

Símbolos que representam a si mesmos

Holografia significa que as substituições que encontramos ao analisar as relações de parentesco daribi apenas alcançam a totalidade de seu sentido ("sentido", nesse caso, considerado como uma percepção no espaço de valor referencial) por meio de sua integração no tropo mais amplo. Qualquer outra consideração feita sobre elas, por exemplo, como aspectos de uma estrutura social, é subsidiária desse ponto. Holografia também sugere que correlatos lineares de adensamento podem ser recuperados por meio do "desembalar" do modelo diagramático em suas mediações constitutivas, e que isso pode ser feito de maneiras diversas. A *imagem* da expansão da metáfora-ponto à metáfora-enquadramento tem o formato dialético-mediador ternário que encontramos ao examinar a dialética da percepção e da referência, e o adensamento holográfico desse conjunto envolve a replicação universal do formato geral em todas as suas relações constituintes.

Entre as possíveis "desconstruções" do modelo há algumas que ajudam a fornecer eliciações conjuntivas do movimento e resolução para a obviação do parentesco daribi. Acompanhamos uma delas — aquela com três mediações e fechamentos mediadores sucessivos, ajustadas de forma que a substituição final de cada uma corresponda ao início da próxima — nas páginas e diagramas anteriores, como um guia do processo de obviação. O primeiro fechamento completa a articulação das relações de parentesco, por meio do noivado e do casamento, em termos de fluxo analógico externo; o segundo resolve a internalização do fluxo em um sistema normativo; o terceiro concretiza a analogia de uma relação bilateral e universal, mas o faz em termos de um fluxo analógico externo, e assim reintegra a sequência, por uma substituição paradoxal, em seu ponto de partida.

Roy Wagner

Em uma metáfora de mediação triangular, um ponto de síntese deve estar entre a tese e a antítese que ele medeia. Mas em uma dialética contínua, o *próximo* ponto, a antítese da síntese, é ele mesmo a síntese de uma série de três, a começar pela antítese anterior, excluindo a tese original. A recursividade do diagrama de obviação registra a exclusão como um cancelamento, de forma que cada quarto ponto está situado em oposição ao primeiro ponto da figura e representa o "lado" ou polo oposto da dialética (Figura 9A). Logo, a substituição *D* contraverte e cancela *A*, *E* cancela *B* e *F* cancela *C*. Cada cancelamento representa um passo em direção à obviação total, até que o ponto paradoxal *G* seja alcançado, momento no qual ocorre um cancelamento duplo (ou o cancelamento do cancelamento – o equivalente da obviação).

Se seguirmos os cancelamentos subsequentes, *D-A*, *E-B*, e *F-C*, fica claro que a série mediadora *D-E-F* substituiu a série *A-B-C* ou, em outras palavras, que a constituição do relacionamento por meio da concepção e da analogia interna (vertical) englobou a constituição do relacionamento por meio da analogia externa (horizontal) (Figura 9B).

Aqui, o movimento da obviação tem a forma de uma torção anti-horária do eixo de cancelamento, até que ele alcance o paradoxo do autoenglobamento (*G-D*).

Cada imagem do movimento apresentada até agora foi dialética; o avanço procedeu de um polo ao outro da dialética até o ponto em que a contradição dialética é alcançada: o ponto original torna-se parte de um paradoxo, o eixo de cancelamento cancela a si mesmo. Ao mesmo tempo, uma sequência de englobamento também está acontecendo: cada fechamento sucessivo pode ser visto como englobando seu predecessor de forma a incluir a síntese anterior em sua mediação, e estende essa mediação com uma nova síntese; o movimento de cancelamento segue anulando a mediação original, ponto por ponto, até ser suplantado pelo movimento final. Da mesma forma, cada versão dessa sequência é dialética. Mas também é possível enxergar a sequência de forma atemporal, como o englobamento direto de um dos polos ou modos dialéticos pelo outro.

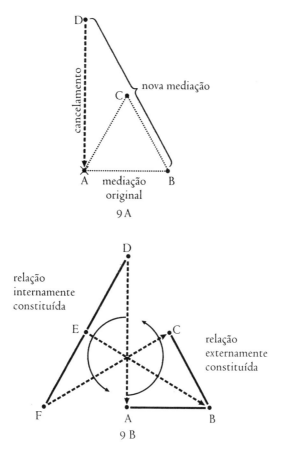

Figura 9: Cancelamento e englobamento axial.

O formato geral do diagrama corresponde a um triângulo mediador, *B-D-F*, compondo um dos polos ou lados da dialética (Figura 10). No caso das relações de parentesco daribi, esse modo agentivo ou obviador é o macrocósmico. Entre cada dois pontos nesse esquema mediador mais amplo está um ponto que corresponde ao lado ou polo oposto, em ordem de alternância dialética. Esses pontos pertencem ao modo *obviado*, neste caso o microcósmico, e são pontos de entrada e fechamento. À medida que cada fechamento é alcançado, uma motivação ou implicação retroativa (representada, na Figura 10, pela linha pontilhada) recua até a "tese" ou ponto de entrada para completar a mediação. Assim, na figura completa, um triângulo mediador inscrito é precipitado dentro do contorno do triângulo obviador pelas implicações retroativas de cada fechamento. Esse triângulo *A-C-E* resulta em uma mediação dentro do modo obviado ou englobado.

A dialética é gerada pela intermediação entre um triângulo mediador macrocósmico e um microcósmico. Mas, enquanto o movimento do modo englobante prossegue e leva consigo o movimento da sequência como um todo, o do modo englobado retrocede no tempo contra ele (observe a direção de *A-C-E* na Figura 10), aumentando a relatividade de seus perceptos por meio das implicações de resoluções futuras. A implicação retroativa oferece ao ator um vislumbre da futilidade e arbitrariedade do empreendimento contra o qual ele, talvez, redobre seus esforços e compromisso. Ela corresponde ao que chamei de "precipitação" ou "contrainvenção"[30] de um dos modos no curso da construção ou articulação deliberada dentro do outro.

---

30 Wagner, *The Invention of Culture*, p.45-9.

Símbolos que representam a si mesmos

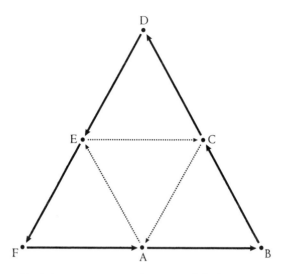

Figura 10: Englobamento e contrainvenção dialética.

À medida que a obviação avança, o próprio processo torna-se transparente e relativizado, chegando ao ponto em que essa motivação interna subjuga a vontade do ator de resisti-la. Esse aspecto do modelo sugere que os seres humanos agem contra a própria percepção da relativização. Em que medida, então, a percepção em expansão envolvida na obviação do parentesco daribi culmina em uma efetuação da sequência como um todo, assim como o impressionismo representa a autoconsciência do pintor com relação à sua própria técnica, ou como uma música de doze tons joga com a arbitrariedade da escala tradicional? A percepção, no ponto G, da riqueza que se move em um ciclo de "concepção externa" para gerar um fluxo interno de relações pode ser entendida como o movimento transversal de riquezas entre clãs contra o fluxo de casamento e procriação humanos. Tal fluxo transversal também opera dentro da sequência de sentidos? O triângulo inscrito, *A-C-E* (ou *A-E-C*), modela a mediação entre as três *trocas* ou prestações convencionais cruciais: noivado, casamento e preço da criança, assim como o triângulo englobante *B-D-F* modela os três fluxos analógicos que medeiam entre essas trocas. Uma vez que os Daribi (tradicionalmente) prometem suas filhas em casamento ainda na infância, momento em que a riqueza recebida como pagamento pelo noivado resulta, em sua maior parte, em pagamentos *pagebabo* pela filha e seus irmãos, ela será provavelmente usada dessa maneira e escoará de *A* para *E*. Também vimos que um tio materno daribi irá reter a reciprocação *sogwarema* pelos pagamentos *pagebabo* até que o sobrinho comece a juntar a riqueza da noiva para poder "compartilhá-la" com ele e fazer uma contribuição. Essa riqueza fluirá de *E* para *C* quando o sobrinho a utilizar no casamento. Por fim, o uso daribi define explicitamente que a riqueza da noiva de uma menina, recebida por seus irmãos, é riqueza que deve ser utilizada no noivado de suas próprias esposas, de forma que *essa* riqueza recebida flua de *C* para *A*.

A realidade do ciclo transversal de riquezas – nesse caso, a riqueza que pode ser mantida e acumulada – conchas se movendo *contra* o ciclo obviador, podem servir como resposta à questão premente que pode começar a tomar forma na cabeça do leitor: o que, senão um tipo de presciência mística, seria essa *agência* de motivação retroativa e a relativização que ela implica? É evidente que essa relativização é trazida pelo movimento retrógrado e transversal de conchas contra o fluxo analógico que forma as relações de parentesco. As conchas, nesse sentido, incorporam a relativização do processo vital; elas, e as compensações e dívidas que elas implicam, restringem, ca-

Símbolos que representam a si mesmos

nalizam e redistribuem o fluxo de relacionamento como um tipo de mecanismo de escape. Imortais, elas fluem eternamente entre os clãs, e no sentido contrário às relações que constituem esses clãs.

A metáfora da relação de parentesco daribi é um tropo do fluxo e concepção analógicos contra o fluxo de conchas. O fluxo de conchas compele a vida adiante contra sua própria relativização, a vida compele as conchas a um movimento regressivo, obviando seu ciclo e, no processo, obviando a si mesma.

Logo, o mito ou gênero do relacionamento, com suas próprias oposições, relações, contradições e relativizações internas, desdobra-se como uma invenção automotivadora e, no limite, autoassimiladora, um símbolo simboliza si mesmo. Ele também é, por outro lado, uma metáfora macrocósmica que se interpõe simbolicamente entre a atualidade e a coletividade social, que é formada por meio da exaustação da dialética cultural que as atravessa. Mas ele representa apenas uma mediação possível dentro desse intervalo mais amplo, e só faria sentido defini-lo como autocontido se nos perguntamos sobre sua relação com outros gêneros ou mitos da cultura daribi. E as conchas, a vergonha ou a alienação social evocadas no interdito entre afins que inicia a sequência? A invenção desse tipo de gênero particular tem seu contexto em uma gama, uma dialética, de outros mitos e gêneros. No próximo capítulo, exploraremos esse contexto recorrendo a alguns outros exemplos.

4
Morte na pele:
mortalidade e reversão figura-fundo

O pássaro madrugador papa a minhoca.

Provérbio americano

Tudo tem suas minhocas.

Provérbio daribi

A primeira vez que perguntei para alguns Daribi sobre a mecânica da reprodução humana, eles me disseram que "nós não somos como os pássaros, que comem um monte de fruta e depois produzem ovos em forma de excremento". Uma declaração importante, já que os Daribi utilizam a mesma palavra, *ge*, para a riqueza tradicional por excelência, o ornamento feito de concha de ostra (*Pinctada maxima*), e para os ovos dos pássaros. Uma poderosa metáfora se desdobra a partir da implicação dual dessa palavra: como agente destacado da "concepção externa" que circula contra o fluxo das relações humanas e como a "riqueza" que pássaros produzem a partir de seus corpos e processos vitais, e que posteriormente choca, dando lugar à sua progênie. Na verdade, os "ovos" dos seres humanos são imortais – eles se movem externamente e em direção contrária ao fluxo da reprodução humana, causando-a sem nunca chocar, enquanto os pássaros produzem suas "conchas" a partir de seus corpos, para então vê-los destruídos na produção de sua progênie. As pessoas se reproduzem contra o fluxo de seus *ge* imortais; os pássaros se reproduzem movendo-se *através* de seu *ge* mortal. Essa metáfora serve como o principal elemento motivador em uma série de "mitos de origem" daribi[31] e também serve como conexão entre o gênero da relação de parentesco daribi e sua ancoragem em questões morais e cosmogônicas mais amplas.

Os pássaros, introduzidos como uma "antítese", estendem o ponto de referência *ge* a uma metáfora, e se a obviação realmente envolve a expansão de metáforas-ponto em enquadramentos culturais mais abrangentes, isso significa que, conhecendo seu genérico, talvez seja possível traçar as implicações daquele mais potente. *Ge* é utilizada sem modificações quando faz referência a conchas, e pode ou não ser modificada (*ba'ge*, "*ge*-pássaro") ao se referir aos ovos; além disso, ela desfruta de ampla aplicação como classificador de objetos de conformação relativamente esférica (o lóbulo da orelha é uma "orelha-*ge*", um embrião é uma "criança-*ge*", uma poça é uma "água-*ge*"), mas o sol e a lua ("sol-*ge*", "lua-*ge*") são explicitamente chamados de concha. Portanto, a metáfora da procriação vista aqui de modo algum universaliza ou exaure as possibilidades linguísticas do mundo; ela foca em uma determinada "faixa" de analogia, envolvendo

---

31 Wagner, *Lethal Speech*: Daribi Myth as Symbolic Obviation, cap.2.

Símbolos que representam a si mesmos

os usos referenciais mais comuns da palavra em uma eliciação trópica da condição humana.

Os seres humanos são constituídos por um fluxo internamente mortal e externamente imortal, os pássaros são constituídos por um único fluxo que alterna entre fases mortais externas e internas. Mas os Daribi consideram que seres humanos e pássaros são similares em um quesito importante. Ambos pertencem à "linhagem" de criaturas cujas peles estão cobertas de *nizi* ("cabelo, pelos ou penas"), os *nizibidi*. Enquanto tais, eles se agrupam em contraste com os *nizimeniaizibi*, a "linhagem sem cabelo, pelos ou penas", répteis, anfíbios, enguias, minhocas e insetos. Como os pássaros, os *nizimeniaizibi* são vistos como ovíparos. Mas, à diferença destes e dos seres humanos, eles são considerados imortais. Tendo a cobra como seu melhor exemplo, de acordo com o modo de pensamento daribi, essas criaturas não morrem quando envelhecem, apenas mudam a pele velha e renovam suas vidas.

Portanto, a cobra ocupa uma posição sintetizadora e medial entre seres humanos e pássaros. Como ambos, ela se reproduz por meio do *ge* e, como pássaros, o *ge* e o organismo estão unidos em um fluxo; diferentemente dos pássaros, no entanto, a cobra continua o processo de choca para além do ovo — ela troca sua pele e, portanto, *choca sua própria imortalidade*. Portanto, assim como os seres humanos, a cobra cria, em termos de mortalidade, um contraste com seu *ge*, mas é o contraste oposto, pois nesse caso a criatura é imortal e os *ge* são mortais.

Quando passamos das relações entre seres humanos, por meio de suas conchas, para as relações entre seres humanos e suas conchas, nós nos deparamos, por intermédio de uma metáfora, com uma comparação paradigmática entre a condição

Roy Wagner

humana e a das criaturas viventes. Não deveria surpreender que essa explicação analógica da relação humana com as conchas constitua, como de fato o faz, o primeiro fechamento do principal mito daribi sobre a mortalidade humana. Essa é a história da Praga de Souw,[32] que os Daribi tendem a guardar como uma espécie de conhecimento secreto, apesar de ela estar conectada, por meio de seus vizinhos do Alto Purari e do Erave,[33] a uma tradição difundida de mitos similares, que abrange o sudoeste e cobre a costa papuásia.[34] Previamente, eu publiquei traduções de algumas variantes textuais dessa história contada pelos Daribi e por seus vizinhos; a que apresento a seguir é um composto sinóptico das versões daribi:

> Há muito tempo, quando os seres humanos não conheciam a morte ou as razões e os meios para assassinar, duas mulheres estavam fazendo farinha de sagu. Uma tinha seios caídos, e a outra tinha seios empinados. Elas escutaram um pássaro, de nome *kaueri*,

---

32 Textos traduzidos em Wagner, *The Curse of Souw*: Principles of Daribi Clan Definition and Alliance, p.38-41, e também em *Habu*: The Innovation of Meaning in Daribi Religion, p.24-36.

33 Uma versão da história de Souw, protagonizada por um herói chamado Soi, foi descoberta por Brian J. Egloff e Resong Kaiku entre os falantes da língua pawaii do rio Purari. Isso conecta efetivamente a distribuição interior do mito na área de Karimui com sua distribuição muito mais ampla ao longo da costa papuásia. Confira Egloff; Kaiku, *An Archeological and Ethnographic Survey of Purari (Wabo) Dam Site and Reservoir*, apêndice 6.

34 Conferir Wagner, *Habu*, op. cit., p.19-24. Há indícios recentes de que essas fábulas complexas podem estar relacionadas a atividades pré-modernas de mercadores cerameses de aves-do-paraíso na costa sul papuásia.

Símbolos que representam a si mesmos

chamando: quando as pessoas escutam esse pássaro, sabem que ele viu uma cobra, e elas vão para o mato caçá-la. Contando que a mulher de seios caídos fosse para a floresta, tudo estava bem – as pessoas não morriam, nem roubavam, nem praticavam feitiçaria. Mas dessa vez a jovem, de seios empinados, foi. Ela viu um objeto longo, parecido com uma cobra, surgindo da ravina – era o pênis de Souw. Ele tentou entrar nela, mas ela chorou de medo e Souw, envergonhado, retraiu seu pênis. Então, Souw preparou-se para deixar o local, e conforme ia embora, amaldiçoou a humanidade com morte, querela, feitiçaria e outras maldições que pesam sobre ela. Ele jogou as armas usadas para luta, as práticas do roubo, adultério, briga e feitiçaria e as práticas de lamentação que seguem a morte. As pessoas coletaram essas coisas e fizeram uso delas. Souw também jogou sua própria pele, cuja descamação é responsável pelo rejuvenescimento. Se as pessoas a tivessem recuperado junto com as práticas malignas, teriam continuado a ser imortais, mas, ao invés disso, as cobras e as criaturas sem pelos a pegaram, e agora apenas elas não morrem. Souw viajou a partir desse lugar, criando a terra e as cordilheiras no caminho, para que as pessoas não pudessem segui-lo. [Em algumas versões, sua filha o segue, abrindo caminho entre as cordilheiras com uma faca de pedra.]

O mito começa com um estado primordial no qual seres humanos, como as conchas, são imortais; assim como ocorria com pássaros e cobras, não havia separação entre fluxos reprodutivos interno e externo. A substituição que forma esse estado pré-mortal e primordial (*A*) envolve a incorporação nos processos da vida humana do fluxo imortal de *ge*, assim como ocorre com as cobras, de acordo com o ponto de vista daribi.

Os dois fluxos eram um só. Portanto, reprodução e nutrição eram a mesma coisa. A farinha de sagu que as mulheres estão processando no início é o produto alimentício tradicional e arquetipicamente feminino entre os Daribi, um alimento vegetal. Ela aponta para a questão da complementariedade dos alimentos derivados de carne, um produto masculino (sobretudo porque o próprio sagu é uma safra complementar – ele cresce e é cortado por homens, mas é processado pelas mulheres); a resposta é dada pelo chamado do pássaro e por uma implicação retroativa da substituição C.

O pássaro, um *kaueri*, pia de forma característica, anunciando ter avistado uma cobra e fornece, assim, um pretexto social para que uma das mulheres deixe a outra e vá para a mata. Mas, uma vez que reprodução e nutrição são a mesma coisa, cada uma é modelada de acordo com a outra, e as mulheres participam da complementaridade carne-alimento incorporando o fluxo *agwa*, derivado da carne, ao intercurso sexual. Assim, "matar a cobra" em troca de carne se refere a causar a detumescência sexual no ato sexual de forma a incorporar a essência líquida da carne. O convite do pássaro para esse repasto consumado é particularmente apropriado, já que, como ovíparo, ele "marca" o interno-nutritivo e o externo-sexual como fases distintas em seu fluxo único, mas, como um ser mortal botando *ge* mortais, ele modela cada aspecto desse fluxo de acordo com o outro. Sua "mensagem", a substituição *B*, é a de que o ato nutritivo (e mortalizante) de matar e o de comer carne são análogos ao ato procriador.

Espera-se de uma mulher experiente e complementarizada que ela "leia" a mensagem, ao contrário de uma virgem. Quando a mulher "com seios empinados" encontra a "cobra" na

Símbolos que representam a si mesmos

mata, e esta se revela um pênis que tenta penetrá-la (substituição *C*: pênis pela cobra), ela grita aterrorizada, antecipando *sua* morte literal no lugar da morte figurativa da cobra (uma relativização motivada pela implicação retroativa de *E*). A revelação da cobra como pênis em *C* fornece uma motivação retroativa para a substituição *A*, seres humanos por seres imortais, pois apresenta o pênis como um implemento similar à cobra cujo rejuvenescimento é continuamente possível, trocando sua pele (prepúcio) na ereção por meio da qual o fluxo de fluido vital é passado do homem para a mulher.

O grito da virgem ao ver sua própria morte, ao invés da morte da cobra, suscita uma detumescência "social" e externa em lugar da copulativa, e uma rejeição do fluxo nutritivo interno primordial. Assim, uma disjunção social se impõe entre homem e mulher, a vergonha – a emoção social por excelência –, cujo equivalente físico é a perda da ereção. A substituição *D*, a detumescência social (vergonha) pela ab-rogação física do fluxo, tem o efeito de cancelar *A*, a internalização do fluxo externo e imortal pelo fluxo interditado entre homem e mulher.

Desta vez, em retribuição pela vergonha, a "morte" imatura do pênis, Souw, a "cobra", preconiza a morte da humanidade (revertendo o sentido e a polaridade do chamado do pássaro pela "morte" da cobra em *B*), amaldiçoando a humanidade com a morte e "lançando" os motivos, técnicas e ritos ligados ao assassinato e à morte. Isso motiva a relativização de *C*, na qual a virgem vê a cobra que será "morta" como seu assassino em potencial. A substituição *E* substitui o fluxo interno imortal, ab-rogado em *D*, por um meio externo de imortalidade disponibilizado pela pele descamada de Souw, que é ela mesma uma relativização produzida pela implicação retroativa de *G*.

Ao substituir sua humanidade pela "cobra" de *B*, e o "comer carne" interno sugerido pelo pássaro em lugar do exterior descartável da pele de Souw, *E* controverte e cancela a substituição *B*. (Ambos são vocalizações.)

A oferta de uma provável imortalidade como a da cobra, em lugar do fluxo interno de fluidos de carne interrompido, é rejeitada. Ao invés de humanidade, as cobras e outras criaturas sem pelo vestem a pele de Souw, e assim substituem os seres humanos como criaturas imortais. A substituição *F*, cobras e outras criaturas sem pelo em lugar de seres humanos (como imortais), inverte e cancela *C*, o pênis humano em lugar da (ou como) cobra. Ela também controverte *A* ao negar a imortalidade humana, e leva à substituição de *A* por *G*.

Assim como o "não-não" de *A*, *G* deve negar tanto a "internalização do fluxo externo, imortal" de *A* quanto a ab-rogação do fluxo na substituição *D*, e também deve resolver a sequência mediadora final *E-F-G*. Ela o faz substituindo as cobras e criaturas sem pelos de *F* pelo *ge*, um tipo de "concha" externa diferente de uma pele que descama, mas ainda assim imortal. A reprodução por meio do *ge* envolve um fluxo, cancelando a ab-rogação do fluxo em *D*, mas o fluxo é externo, em contraste com o fluxo interno *A*. Por último, assim como *A* iniciou o mito com a socialidade das duas mulheres, e *D*, em seu ponto médio, concerne a uma ab-rogação entre um homem e uma mulher, então *G*, o não-não da obviação, converte-se em um fluxo de objetos que pode circular apenas entre homens.

O fluxo retroativo da implicação nesse mito desenvolve uma relativização motivadora baseada na percepção da contingência humana como condição da vida ou da reprodução.

Símbolos que representam a si mesmos

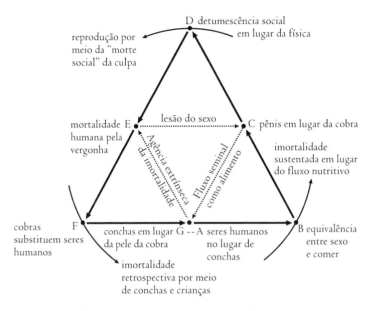

Figura 11: Relativização e motivação no mito de Souw.

Portanto, a implicação de G, de uma agência extrínseca (por exemplo, não interna) de imortalidade humana, percebida em E, motiva o "lançamento" da pele de Souw. Isso, por sua vez, "efetua" a usurpação da humanidade da cobra por meio da confiscação de sua pele. Assim, a humanidade é "imortal" apenas retroativamente, pelo fluxo retrógrado de conchas e da geração de filhos (Figura 11). A implicação de E, percebida em C, é a lesão do sexo, a contingência por meio da qual se alcança a conexão genital (penetração de uma virgem, nesse caso). Ela motiva a rejeição da virgem por Souw e sua "detumescência social". A humanidade se reproduz, portanto, por meio da "morte" social da vergonha – a conexão realizada apesar da implicação da lesão. Por fim, a implicação de C, percebida em A, é que a

Roy Wagner

"carne", complemento da nutrição na vida imortal, é administrada na copulação, servindo como desculpa ("caça") para a mulher mais experiente, madura, e como armadilha que captura a virgem (e a humanidade) na espiral da mortalidade. O que se sugere aqui é que o fluxo contingente de fluido seminal no sistema *agwa* masculino era, em algum momento, fluxo nutritivo completo entre homem e mulher que sustentava a imortalidade sem necessidade de reprodução.

Se abordarmos essa relativização desde a perspectiva do mito, como "resistência" ao seu movimento progressivo, iremos nos deparar com o fluxo seminal como o sustento primordial da imortalidade. Seres humanos eram imortais, mas a cópula era necessária. A cópula era familiar para os experientes; mas a virgem a viu como morte. A reação da virgem causou vergonha e a maldição que transformou o que era considerado um fracasso em condição humana; mas Souw também ofereceu sua pele. As cobras pegaram a pele, de forma que agora a humanidade é apenas imortal por meio das conchas (reprodução). A ordem dessas substituições sugere o que experimentaríamos se começássemos em D, o ponto da concepção na sequência de relações de parentesco daribi, avançássemos em direção a E e continuássemos: fluxo interno – vergonha – fluxo externo.

Se invertermos os eixos do cancelamento no diagrama pelas relações de parentesco daribi (Figura 7), transpondo A e D, B e E, e C e F, produziremos um padrão de substituições nitidamente parecido com o do mito de Souw (Figura 12). Pois, no mito, A – a internalização nos processos da vida humana do fluxo imortal de *ge* – é como a internalização do fluxo na concepção (D na sequência do parentesco); B – o grito do pássaro que modela *ge* e organismo, um de acordo com o outro – é como

Símbolos que representam a si mesmos

o modelamento normativo dos fluxos interno e externo (E); C – revelar a cobra como um pênis – assemelha-se à equação de fluxos internos (F) ao equacionar ambos à "carne"; D – a detumescência social e a origem da vergonha – é como a interdição social de relação entre homem e sua noiva (e sua mãe – A); E – a maldição da morte e a oferta de Souw de sua pele como última chance – é como a substituição de um fluxo horizontal, externo pela relação (B); e F – cobras por seres humanos – é como a reciprocação ou substituição do fluxo masculino pelo feminino no ato matrimonial. O ponto "não-não" é semelhante em ambas as sequências porque em cada uma ele deve negar os mesmos dois pontos, A e D, e estes foram apenas intercambiados.

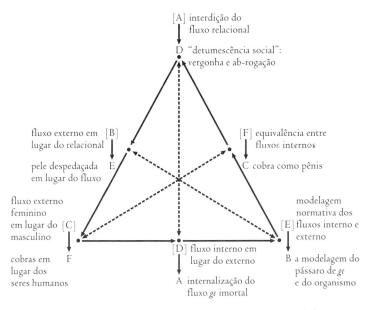

Figura 12: Sequência do mito de Souw como inversão axial da sequência de parentesco.

Como obviações, a sequência daribi das relações de parentesco e o mito da maldição de Souw são *inversões axiais* uma da outra; ou seja, a "englobante" D-E-F de cada uma é a A-B-C "englobada" da outra (Figura 13), e o triângulo externo "englobante" de cada uma, B-D-F, torna-se o triângulo inscrito "englobado", A-C-E, do outro (Figura 13B). A inversão é polar, uma vez que o último triângulo representa, respectivamente, os polos do contínuo simbólico (microcósmico e macrocósmico): a relação de parentesco daribi surge como uma metáfora factual por meio da obviação do convencional, e o mito de Souw surge como uma narrativa moral por meio da obviação do factual – formato incomum para um mito de origem, que geralmente trata da derivação de alguma condição factual ou aspecto de uma visão de mundo.

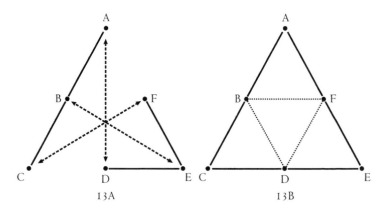

Figura 13: Inversões efetivas entre o mito de Souw e a sequência de parentesco.

Neste caso, entretanto, estamos lidando com as "condições" que fundamentam a moralidade das relações de parentesco e

Símbolos que representam a si mesmos

da vida social daribi: a contingência do fluxo seminal masculino e seu modelamento com base na troca (*B*), na vergonha (*D*) e na mortalidade que torna a humanidade contingente a meios extrínsecos de reprodução (*F*). Essas são, portanto, as substituições microcósmicas do mito da maldição de Souw e correspondem aos seus opostos axiais, *E, A* e *C*, na sequência de relações de parentesco.

Os pontos no mito de Souw a partir dos quais a analogia se expande, da separação sexual por meio da separação social (vergonha) à separação final que é a morte, constituem, na inversão dessa expansão, um tipo de mecanismo de escape de trocas que mantêm e canalizam a expansão das relações de parentesco. E as imagens através das quais as relações de parentesco se expandem – desde a troca de dádivas por meio da criação de seres humanos ao relacionamento universal dos seres humanos – tornam-se, em sua inversão, os pontos de inflexão de um mito sobre a mortalidade. Cada mito, o da vida e o da mortalidade, é a expansão inversa do outro: o que é "figura" e configuração para um é "fundo", a base obviada de resistência, do outro.

Tendo em vista que o sentido, a analogia significativa, é uma questão de percepção e funciona através da visão do ator ou da testemunha, é possível dizer que ele produz obviação por meio das mudanças que realiza nessa visão. Quando esse fluxo de mudança perceptual se torna uma instância do ato de ver antíteses vitais como perspectivas diferenciais, a partir dos mesmos pontos de orientação básicos, então a diferença entre vida e morte se torna uma questão daquilo que a psicologia Gestalt chama de "reversão figura-fundo".

O tropo expande-se em enquadramento cultural obviando suas condições iniciais; o "não-não", ou ponto de obviação

(*G*), marca o limite da expansão do tropo de primeira ordem no ponto em que ele surge ou transforma-se na reversibilidade do tropo de segunda ordem. Se o tropo de primeira ordem é uma percepção dentro dos pontos de referência convencionais, o tropo de segunda ordem, o "tropo" do tropo, na acepção usual do termo, é uma mudança dialética na orientação ou perspectiva daquele que percebe. Assim, a segunda potência do tropo "mantém" ou "possibilita" a dialética cultural, pois quando o fluxo de analogias passa a ter esse tipo de poder, ele automaticamente retrocede para o ponto de partida da expansão contrária. Mais uma vez, a "perspectiva" ou "orientação" fundamentam um conjunto crucialmente importante de valores coletivos e imagens coletivamente eliciadas, ao invés de fazê-lo por questões de conveniência analítica ou predileção estética.

Porque ele também é um fluxo analógico eliciado que expande a metáfora-ponto em metáfora-enquadramento, e uma simples retroflexão desta última efetua uma reversão figura-fundo, o equilíbrio entre a vida e a morte é igualmente reversível. Se estivéssemos falando de uma estrutura, um estatuto, uma instituição, ou de constituição, é claro que essa reversibilidade não seria um problema. Mas a obviação é levada adiante pelo fluxo analógico que ela elicia e não pelas necessidades ou interesses de indivíduos e coletividades, ou pela bio ou socioenergética, de forma que o perigo de uma reversão de fluxo desfavorável ou não intencional é extremamente real e ameaçador. Ao invés de uma relação que se expande em processo vital, a morte, por exemplo, se tornaria contagiosa e ameaçaria "relacionar" suas vítimas por meio da negatividade da maldição de Souw.

Exceto em casos de feitiçaria suspeita ou demonstrada, os Daribi consideram todas as doenças ou a insanidade como re-

Símbolos que representam a si mesmos

sultantes do "ato de segurar" ou "possessão" do princípio animador pelo espírito de uma pessoa falecida específica. A doença, não importa se mental ou física, é, em outras palavras, uma metáfora da vida por meio da morte e da morte por meio da vida: na medida em que a pessoa sofre a perda de suas faculdades, ela está "morta" e, da mesma forma, o espírito, cujas queixas e malevolências se manifestam por meio dos sintomas da pessoa, está "vivo". Espíritos "vivem" por meio das pessoas que são possuídas por eles e suas vítimas, e, da mesma forma, "morrem" por eles.

As tendências de um espírito acometido de uma "má" morte são particularmente perigosas. A morte de uma pessoa que sucumbe na mata, ou cujo corpo não pode ser recuperado para fins mortuários, é capaz de se espalhar como um contágio de doença e morte que afeta porcos e crianças na comunidade. Como estes são, efetivamente, os meios do fluxo relacional em curso, a ameaça é a de uma reversão figura-fundo de possessões que levará a própria comunidade à extinção. Se há suspeita de tal ameaça, e esta é confirmada por sinais, então se executa um dos rituais daribi mais ambiciosos e complexos, o *habu*. O ritual completo é complicado e moroso, envolvendo os esforços de toda uma comunidade por vários meses, e é cercado de proibições e riscos potenciais. Realizado, ao que tudo indica, com o fim de "trazer o espírito de volta para casa", o *habu* pode ser visto como um esforço de restauração moral em face ao espírito lesado e como forma de prevenir o contágio de ceifar ainda mais vidas. Ele é, na verdade, uma reversão figura-fundo *controlada*, cuja finalidade é conter e evitar a reversão figura-fundo fora de controle.

Como o mito de Souw, o *habu* começa em resposta ao grito de um pássaro, ainda que nesse caso o pássaro seja o *hogo'-bia*, ou tordo-ruivo. Tradicionalmente, esse pássaro chama a atenção dos caçadores para animais atraídos por uma poderosa planta conhecida como *kerare*.[35] Neste caso, é uma forma adquirida pelo espírito que ordena aos homens que executem o *habu* em seu nome. O *habu* deve ser executado apenas se o grito desse pássaro for ouvido após uma morte infausta. O chamado do pássaro deve ser respondido com o "grito" do *habu*, um lamento que começa com um rápido zumbido dos lábios, estabelecendo a comunicação com o espírito e indicando disposição de obedecer. A população masculina da comunidade então se divide entre homens *habu* e homens da casa (*be'habu*), com funções rituais adversárias.

Os homens *habu*, em geral jovens e muitas vezes solteiros, devem respeitar os trajes e restrições característicos à função; a violação destes e de outros procedimentos *habu* reverterão a metáfora da possessão em uma metáfora adversa – uma possessão desastrosa dos violadores chamada de "doença *habu*". Os homens *habu* escurecem o corpo visível com carvão e põem penas negras de casuar na cabeça – exatamente como no *ogwanoma*, exceto pelo fato de que, no *habu*, o contraste branco é criado pelas folhas cinza prateado de olearia colocadas na testa. Eles saem da comunidade e ficam na mata, onde caçam e preservam a caça, e "levam o espírito consigo". Devem permanecer estritamente celibatários e evitar todo tipo de contato com mulheres (e crianças) durante sua estada na mata. A fim de manter

---

35 A *kerare* está, aparentemente, relacionada ou é idêntica à planta polinésia *kava*, uma substância tóxica. Ela é semelhante a outra planta conhecida pelos Daribi como *hogoni'a*, quase homofônica ao nome do pássaro.

Símbolos que representam a si mesmos

comunicação com o espírito, os homens *habu* devem levar consigo ramos de *kerare* (acredita-se que a planta afete mulheres de forma adversa, apenas homens solteiros devem carregá-la).

Os homens *habu* vivem em pequenas "casas *habu*" na mata, possuídos pelo espírito – eles "estão com o espírito na pele". Passam seus dias caçando e defumando as carcaças dos animais (exceto as cobras, que são capturadas e preservadas *vivas*); quando a caça é encontrada, eles devem proferir o grito *habu* e repreender a criatura verbalmente, enquanto é morta ou capturada, por ter causado doenças à comunidade.

Quando uma grande quantidade de caça tiver sido coletada e defumada, os homens *habu* estão prontos para retornar. Alguns deles vão para onde a morte ocorreu e gritam para o espírito que eles estão prontos para voltar para casa. O espírito toma a forma de chuva e vento – que são acompanhados por um som parecido com um assovio –, e segue o homem e o "cheiro de carne" de volta para casa. Quando os homens *habu* retornam, ainda estão sujeitos a ser possuídos pelo espírito. Com a finalidade de "se afirmarem" para o espírito, e também para removê-lo de suas peles, eles devem, sob pena de desagradá-lo (a doença *habu*), participar de uma oposição ritualizada às pessoas da casa.

Ao chegar à horta que cerca a casa, os homens constroem um pequeno abrigo ali e, durante alguns dias, entram em uma espécie de luta de ombros com os homens da casa, chamada *hwębo*. Pode-se dizer que essa atividade solavancada, violenta, absorve socialmente (e fisicamente!) a força do antagonismo do fantasma. Os Daribi dizem que ela remove o espírito da pele dos homens *habu*. Para desafiar os homens da casa a manter sua oposição, os homens *habu* dançam carregando um mastro de madeira acima da cabeça em direção à casa principal, ao longo de seu corredor central, e de volta para fora.

Enquanto os homens *habu* chegam e começam os ataques *hwębo*, as mulheres da casa (e, muitas vezes, das comunidades vizinhas) aparecem com trajes travestidos, como guerreiras, dançando e cantando para insultar os homens *habu*. Elas imploram pela carne defumada (que não deve, é claro, ser compartilhada com elas). Além da luta *hwębo*, os homens *habu* simulam emboscadas e escaramuças contra as mulheres que os insultam, cada um dos lados atirando "lanças" de talos de banana descascados na casa do outro à noite. A atividade opositiva de lutar, insultar, escaramuçar pode continuar por dias, a oposição das mulheres aumentando à medida que o ritual avança.

É interessante observar que o ritual não é "executado" a partir de um "programa" (como o fariam os ocidentais), mas é, antes, internamente motivado pelas energias competitivas dos times que o executam. Além disso, a tensão mantida entre os homens *habu* e os homens da casa, e entre as mulheres e os homens *habu*, são apenas "artifícios" arbitrários ou elementos introduzidos, uma vez que correspondem às oposições elementares do próprio *habu*. Compreendido em seus próprios termos, o ritual é automotivado.

Após o espírito ter sido removido "da pele" dos homens *habu*, dá-se a fase culminante do ritual – na expressão nativa, ele *darabo*, "escoa para a cabeça". Os homens *habu* removem a caça defumada de seus abrigos (e matam as cobras) e empacotam-na cuidadosamente em bolsas-rede gigantes. As cargas, nitidamente pesadas, são então erguidas nas costas de dois homens (para cada bolsa), enquanto os outros os ajudam na retaguarda, sendo carregadas em procissão até a casa principal. As bol-

Símbolos que representam a si mesmos

sas de carne são escoltadas pelos homens *habu*, que dançam em fileiras e repetidamente fazem um barulho com os lábios, associado ao grito *habu*. A procissão pode circular em frente à casa diversas vezes, e depois disso as bolsas são abertas e a carne defumada é distribuída ao longo do corredor central da casa. Nessa altura, diversos tipos de discursos reveladores são proferidos; geralmente, um deles é feito por um membro do grupo *habu* explicando os motivos pelos quais o *habu* foi feito, muitas vezes nomeando os lugares onde a caça foi morta. Depois, é proferido um discurso curto, de exculpação, culpando a caça defumada pela doença, as "pessoas" "negras" e "de mãos atadas" (referindo-se à estrutura de madeira sobre a qual a caça foi estendida para ser defumada). O espírito se encontra agora reconciliado com as pessoas da comunidade, sua hostilidade tendo sido absorvida no choque da luta *hwebo*, seus ataques aos porcos e crianças absolvidos por meio da reidentificação da carne defumada como agentes. O que resta, então, é descartar a caça para a realização de um banquete mortuário (tradicionalmente, um banquete de carne de caça) que acompanha o período de luto.

As mulheres, que estavam se reunindo, cantando e dançando em número cada vez maior, agora começam a "procurar por troncos de banana". À medida que acham e descascam os talos, elas farão repetidas investidas à casa, segurando os troncos acima da cabeça. Por fim, a força de sua oposição chega ao cume e elas dançam escada acima com os troncos, tentando carregá-los pelo corredor central e jogá-los para fora pela porta dos fundos. Caso isso ocorra, acredita-se que "as almas dos homens iriam com eles". Grupos de homens se juntam em frente à porta dos fundos para evitar que isso ocorra, e as sucessivas tentativas são bloqueadas com um escudo de madeira. Quando os homens se apoderam dos troncos, e estes são cortados em pedaços e espalhados em frente à casa, o *habu* chega ao fim. Seu status especial como um ritual, um enquadramento metafórico, controlando a relação entre duas outras expansões metafóricas, faz do *habu* algo como a metáfora de uma metáfora. Sua obviação não alcança nem a realização da convenção por meio da exaustação da imagem, nem a realização da imagem através da exaustação da convenção, mas é, ao invés disso, uma retificação da inter-relação (metafórica) da convenção e da imagem. Isso significa que ele cria uma metáfora do relacionamento através do mito da maldição de Souw e uma metáfora da maldição da mortalidade por meio do relacionamento.

Cada ponto da sequência *habu* é uma metáfora dos pontos correspondentes nas sequências do relacionamento e da mortalidade. (Uma vez que os opostos axiais *A-D, B-E* e *C-F* são invertidos entre os dois, como na Figura 13, uma metáfora-ponto na sequência *habu* resultará em uma expressão combinando opostos axiais.) Cada ponto, portanto, é constituído como um tropo que combina duas expressões que são, elas mesmas, metafóricas. Mas a dialética cultural distingue entre as duas condições limitantes da metáfora, como imagem e como convenção (ou macrocosmo e microcosmo), como contrárias. Nesses termos, os pontos que originalmente aparecem como convenções (*ACE* na sequência do relacionamento, *ACE* no mito) serão, como "metáforas de metáforas", literalizados no *habu*.

A possessão de porcos e crianças, respectivamente o acessório e o complemento à contingência masculina que exige o *habu*, é ao mesmo tempo uma interdição metafórica da relação

Símbolos que representam a si mesmos

contínua por meio da "retenção" de seus meios e fins, e da "internalização" literal de uma agência imortal – o espírito. (Um espírito daribi adentra o fígado para "reter" o princípio animador.) *A*, portanto, substitui a "morte" metafórica da doença pela "vida" metafórica do relacionamento ao combinar o interdito figurativo (*A*, na sequência do relacionamento) com a internalização literal de uma agência imortal (*A*, no mito).

No entanto, o *habu* não será executado sem o presságio do grito do pássaro *hogo'bia* – o chamado do espírito para que os homens venham e cacem. Contudo, o tordo-ruivo não "indica" animais ativos, como o faz o *kaueri*, mas sim criaturas que sucumbiram à "retenção" ou influência possessiva das toxinas da planta *kerare*. Ele está convocando os homens à caça por meio da agência da possessão, como homens *habu*. Portanto, uma equivalência metafórica do grito do pássaro no mito de Souw evoca a literalização de *B* na sequência do relacionamento: um fluxo masculino "externo" na forma de homens *habu* que deixam seus companheiros da casa e saem para a mata. E a substituição *B*, no *habu*, suplanta a oposição normativamente social masculino/feminino por meio da oposição ritual homem/homem entre os *habubidi* e os *be'habu*.

No momento em que os homens estão se preparando para partir, eles fazem um "*ogwanomai*" metafórico com folhas substituindo as conchas, concebe-se um "casamento" com a mata, no qual o lado do noivo, e não o da noiva, é "tomado", e a "alma-menino" é oferecida (para a possessão do espírito), ao invés de ser conservada. Assim, *C*, na sequência do relacionamento, torna-se metafórica, e isso ocorre por meio da literalização da caça metafórica da cobra no ponto *C* do mito, pois os homens *habu* devem renunciar à sexualidade e dedicar-se à verdadeira caça.

Os homens *habu* levam o espírito para longe da casa, e são "tomados/possuídos" ou englobados pelo fantasma que vai "para suas peles". Essa substituição, *D*, combina a literalização do englobamento da concepção (*D* na sequência relacional) com o celibato e a separação (na mata) das mulheres, que metaforiza a frustração e a detumescência social de Souw no mito. Como uma possessão dos próprios homens, no lugar dos acessórios e produtos da contingência masculina, ela resolve e cancela *A*.

Ao retornar com o espírito "em suas peles", e cercando-os com violência meteorológica, os homens *habu* trazem o espírito de volta para casa e transmutam a violência em encontro social. O *hwębo* literaliza o "assassinato" da maldição de Souw e também a retirada da morte com a pele manifesta no ato de Souw de "jogar" sua pele (no fato de que se diz da luta que ela desaloja o espírito da pele dos homens *habu*). Ela metaforiza as trocas normativas entre *pagebidi* que tanto definem uma linha de homens em contraste a outra quanto as relacionam por meio do compartilhamento materno. Portanto, como substituição de um cisma social masculino/feminino por um cósmico, entre espírito e mortais, a substituição *E* resolve e cancela *B*.

A atenção agora se desloca para o foco moralmente apropriado de uma das preocupações do espírito: a carne do banquete mortuário. A substituição *F* efetua a substituição dos homens *habu* (e a culpabilidade do espírito) pela caça que eles mataram, uma metáfora do deslocamento da cobra pelos seres humanos no ponto *F* do mito. Como uma oferta dos "homens negros" em lugar da "*ogwanoma*" dos caçadores (e a carne defumada também é uma dádiva matrimonial), essa metáfora os liberta do comprometimento à vida na mata e cancela *C*.

Símbolos que representam a si mesmos

O banquete coincidente literaliza o compartilhamento de carne entre homens de diferentes linhagens (*hai'*), no ponto *F* da sequência relacional, com o compartilhamento abundante de carne entre homens *habu* e homens da casa.

Compartilhar o complemento da contingência masculina como um tributo sacramental aos mortos obvia a possessão de porcos e crianças pelo espírito em *A*: ela restaura a ordem moral entre os vivos e os mortos. Mas agora os homens estão sitiados em outro campo; as mulheres, cuja provocação travestida pôs sua performance em teste, agora os confronta de modo direto. Sua invasão ao campo dos homens com o objetivo de capturar e desalojar suas almas (substituição *G*: mulher por homem) tanto justifica o travestismo como também constitui o "não--não" da substituição *A*. Assim como *D*, ela envolve a captura das almas dos homens em lugar da dos porcos e das crianças; mas enquanto, em *D*, isso ocorreu na mata pelo espírito no contexto da caça de animais, aqui a tentativa ocorre na casa por mulheres empunhando uma planta cultivada. E falha. Entretanto, para fazer face à ameaça feminina, os homens *habu* e os homens da casa devem criar uma frente única e, ao negociar uma oposição masculina conjunta e esforços femininos conjuntos, *G* efetua um retorno à oposição normativa de gênero da vida secular daribi.

O fato de que ele não "colapsa" nem na forma de macrocosmo nem de microcosmo, mas em uma relação entre os dois, faz que o *habu* seja difícil de diagramar. Ainda que tome a forma "genérica" da obviação, o *habu* não pode ser representado apenas pela sobreposição do diagrama do mito de Souw sob o da sequência relacional, pois a relação entre os pontos e triângulos do "englobante" ao "englobado" é contrária nas sequências respectivas. Uma vez que a inversão é tal que o triângulo externo *B-D-F* de um é equivalente ao triângulo interno *A-C-E* do outro, e vice-versa, uma das sequências pode ser redesenhada em posição inversa, com *A-C-E* como os pontos externos. Se, então, "dobrarmos" cada diagrama, o triângulo vertical e o invertido, ao longo de suas linhas interiores (pontilhadas), como a Figura 14, os pontos externos de cada um podem ser unidos aos pontos internos correspondentes do outro para representar sua conexão metafórica com o *habu*.

Portanto, o *habu* pode ser diagramado de forma precisa como um modelo tridimensional, um octaedro (Figura 14) que inclui os oito lados triangulares das duas sequências constituintes, mas que condensa seus doze pontos em seis da sequência de obviação genérica. Ao invés de apresentar os triângulos macro e microcósmico em uma relação de englobamento, o modelo octaédrico os apresenta como uma relação simétrica, como faces opostas, mas equivalentes, do sólido, com o movimento da sequência alternando entre eles.

O modelo octaédrico ilustrado na Figura 14 é tão holográfico quanto as versões bidimensionais apresentadas antes; colapsado ao longo de seus eixos interiores (ao unir os pontos *A* com *D*, *B* com *E* e *C* com *F*), ele exige o *mesmo* triângulo bidimensional que o esquema-padrão de obviação (bidimensional) quando este é colapsado de forma semelhante. Mas há uma diferença significativa entre os dois. O modelo octaédrico mostra *dois* triângulos inscritos ou "internos", e se as razões para a construção dessa sequência em três dimensões são válidas, então essa característica deve ser relevante para a motivação dentro do *habu*.

Símbolos que representam a si mesmos

Aqueles que executam o *habu* são, na verdade, motivados por dois tipos de forças "relativizadoras", uma ocorrência familiar a muitas situações rituais no mundo tradicional.

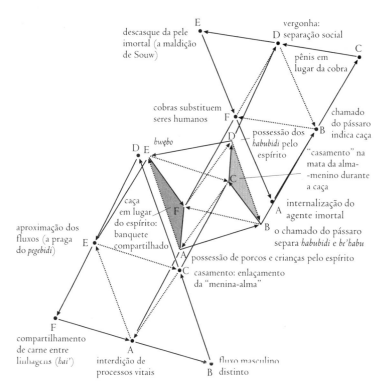

Figura 14: Um modelo octaédrico do *habu*.

Uma é o ciclo de implicações retroativas que confronta o ator com as consequências antecipadas das ações, familiares ao leitor por causa das sequências míticas e de parentesco consideradas previamente. A outra é um ciclo de implicação progressiva, constrangendo o ator a seguir adiante a cada nova fase de acordo com as fases já completas. Essa motivação pode ser identificada com as intenções do espírito, o qual *quer* que o *habu* seja executado em seu favor (como os Daribi mesmo observam). As intenções do espírito correspondem a uma *compulsão*, percebida pelos homens *habu* como externa ao seu eu agentivo mas, na verdade, como parte integrante do formato obviador do ritual.

O ciclo motivador de implicação retroativa trata de relações de gênero e contingência.

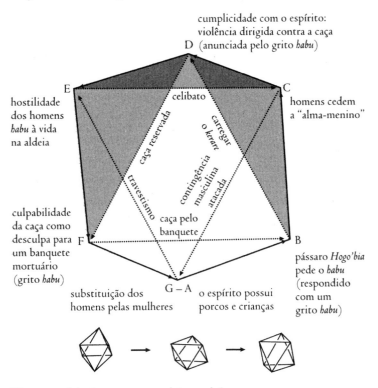

Figura 15: Motivação e compulsão no *habu*.

O espírito ataca porcos e crianças, acessórios à contingência masculina, como uma implicação dos homens cedendo suas *ogwanoma'* para ele (*C-A*, Figura 15) e provocando-os a fazê-lo.

102

Símbolos que representam a si mesmos

O celibato dos homens *habu* quando eles vão para a mata é uma implicação de sua oposição violenta aos *be'habu* e à aldeia quando eles retornam (*E-C*); por fim, o travestismo e a zombaria provocativa contra os homens *habu* pelas mulheres em *E* é uma implicação da tentativa destas de suplantar os homens e possuir suas almas em *G*. Primeiro, os acessórios à reprodução masculina e à sua masculinidade são ameaçados e, por fim, suas almas.

A compulsão de fazer oposição a essa relativização é estabelecida em cumplicidade com o espírito, e o grito *habu* é utilizado para manter comunicação. O grito é inicialmente proferido em resposta ao chamado do pássaro *hogo'bia* (Figura 15, B), cujo "pedido" pela caça é um chamado pelo banquete mortuário no contexto do *habu* e uma implicação de *F* (*F-B*). Como sinal de sua cumplicidade, os homens carregam um ramo de *kerare* e o grito é proferido sempre que a caça é avistada e alvejada para entrar em concordância com o "pedido" do pássaro (a implicação de *B, B-D*). A caça é cuidadosamente tratada, defumada, preservada, e também é reservada pelos homens *habu* para uso durante o banquete (é isso que as mulheres travestidas desafiam em *E*, enquanto cantam canções alusivas implorando por carne). No ponto culminante do ritual, o grito é proferido mais uma vez, enquanto o montante de caça preservada é carregado para dentro da casa, para reverter a culpabilidade pelos ataques aos porcos e crianças para ele (e, assim, justificar as implicações do assassinato em *D, D-F*). Assim, o mesmo banquete exime o espírito pelos ataques e os homens por terem negligenciado seu banquete mortuário.

Tanto o ciclo de implicação retroativa quanto o da compulsão ameaçam o *habu*: a "relativização" retroativa, ao comprometer a atividade masculina por meio da introjeção feminina ("poluição"); a motivação compulsória, ao transformar a possessão metafórica do *habu* na perigosa aflição da doença *habu*. Nesse sentido, os homens *habu* são marionetes, presos entre duas forças relativizadoras opostas em uma espécie de duplo-vínculo, e forçados a obedecer à vontade do espírito contra as expectativas normativas de sua ordem social (neste caso, a da oposição de gênero). Diagramas podem ser tão enganosos quanto reveladores. O *habu*, com toda a sua complexidade tridimensional, não é uma "estrutura", exceto pelo fato de que ele estrutura um colapso ou resolução. Os Daribi, que respeitam e temem a doença *habu* e todas as contingências do ritual, são precisos quando professam ignorância com relação à sua significância. Logo depois de participar do ritual, como *habubidi*, em Tiligi em 1968, abordei o homem que o organizou com respeito a essa questão. Ele e os membros de seu clã conseguiram oferecer algumas reflexões penetrantes, que foram incorporadas nesta análise, mas também afirmaram (de forma característica) que a geração anterior havia morrido sem revelar o significado do todo. Na verdade, tanto o *habu* quanto o mito de Souw eram consistentemente tratados pelos Daribi como conhecimento secreto, não devendo ser compartilhados com pessoas de fora, e eles nunca ofereciam informação a esse respeito de forma ativa.

Por que essa nesciência é necessária? Um tropo ou uma metáfora, não importa se formados por um ponto de referência simbólico ou um enquadramento cultural mais amplo, permanecem crípticos. Quando uma sequência obviadora colapsa no paradoxo de um "não-não", ela colapsa tanto sua estrutura quanto seus *insights*. A reversibilidade figura-fundo que motiva

Símbolos que representam a si mesmos

a construção da vida e da morte daribi (concepção, socialidade, relacionamento), e que o *habu* mantém em foco, é um paradoxo cativo. É exatamente aquilo que David M. Schneider definiu como "símbolo nuclear". E é também uma questão de seres humanos negociando suas vidas através de termos invisíveis e intangíveis, que só podem ser manejados por metáforas e percebidos por meio de seu colapso. Nenhum de nós, nem nós nem os Daribi, experimentou a morte, ou se lembra da experiência do nascimento, ou olhou dentro do útero para ver como ocorre a concepção. *Outros* são concebidos e nascem, *outros* morrem, e tudo que o tropo da obviação, condensado e colapsado, pode efetuar é a revelação passageira do paradoxo transformado em sentido no "agora" de sua realização, de forma que o sentido possa ser transformado uma vez mais em paradoxo.

O que se torna problemático aqui é o *tempo*, não tanto na criação de "estruturas" atemporais determinando sucessões e performances temporais (pois vimos o que acontece com elas durante a obviação), mas na condensação evanescente de um mundo de sentidos no momento de sua realização. A obviação equilibra o mundo sobre o momento. Consideremos, então, esse problema.

5
Época: Tempo real e irreal

As três sequências obviadoras que foram consideradas ocupam períodos de tempo "convencional" bem diferentes no decorrer de seu funcionamento. O ciclo das relações de parentesco, se quisermos incluir o levirato entre os *hai'*, envolve ao menos duas gerações, enquanto o mito da maldição de Souw pode ser narrado em questão de minutos, e o *habu* requer um pouco mais de um ou dois meses para sua conclusão. Esse contraste torna-se ainda mais extraordinário pelo fato de que isso tem pouco ou nenhum valor em termos da constituição das – ou inter-relação entre as – próprias sequências. O que importa no desenvolvimento da sequência, ou na transformação de uma sequência em outra, é a relação entre pontos – oposição, mediação, cancelamento –, ao invés do intervalo arbitrário. Independentemente do modo como ela afeta outros, a obviação define e ocupa seu próprio tempo.

Podemos nos referir a isso como tempo "mítico" ou "orgânico", pois os eventos que ocorrem dentro dele possuem uma relação definitiva e não arbitrária – ao invés de orgânica e constitutiva – com a sequência como um todo, como na trama de um mito. Outra forma de defini-lo é dizer que o tempo orgânico não se acumula (nem *conta*) como intervalos; seus eventos são, eles mesmos, relações, cada um deles subsumindo e radicalmente transformando o que ocorreu antes. Cada evento, portanto, *diferencia* o caráter do todo para além da antecipação, assimilando aquilo que o precedeu dentro de sua própria relação, um "agora" que suplanta, ao invés de estender, seu "antes".

Se o jogo de palavras for de alguma serventia, eu poderia dizer que a obviação é uma matemática qualitativa, que "des-conta" eventos sucessivos, transformando a si mesma em parte da resolução, ao invés de subordiná-los à sua ordem.

Ainda que o conceito pareça bizarro, a experiência de uma temporalidade orgânica deveria nos ser ao menos um pouco familiar. Ela explica muito do que é "mágico", literal e figurativo das tramas míticas e literárias, assim como muito das peculiaridades dos sonhos, pois sonhar não é nada mais que o processo de expansão figurativa, a resolução articuladora do sentido em contextos mais amplos. No entanto, quando considerada como "tempo", a temporalidade orgânica contrasta tanto com a tradição temporal convencional (relógio) axiomaticamente universalizada e naturalizada que, a menos que as tensões subjacentes da pressuposição e implicação sejam esclarecidas, esta análise poderá ser acusada de irresponsabilidade social ou científica. Portanto, é oportuno lançar algumas perguntas perscrutadoras: existem diferentes *tipos* de tempo, ou apenas formas diferentes de *contar* o tempo? Teria o tempo uma estrutura, como um relógio, ou ele apenas parece ter uma estrutura *porque* o relógio a possui?

Pode parecer que as abordagens antropológicas do tempo como um construto cultural, incluindo o "tempo genealógico",

Símbolos que representam a si mesmos

o "tempo" produzido pelas combinações calendárias, e até o tempo autorreferencial e quase humorístico das cerimônias, que ocorrem apenas quando chegam ao fim, tratam, em sua maior parte, das diferentes maneiras de contar ou descrever o tempo. O exemplo clássico é a noção de Evans-Pritchard de "tempo estrutural" (contraposto ao tempo ecológico, um sistema de mudanças ambientais culturalmente reconhecidas).[36] O tempo estrutural se desenrola através dos pontos de história coletiva local e do cálculo de grupos de idade e de linhagem, reduzindo o próprio tempo a um intervalo social. A análise de Geertz do calendário permutativo dos balineses em "Pessoa, tempo e conduta em Bali" transforma o cálculo em uma medida qualitativa, ao invés de quantitativa. O entrelaçamento de dez ciclos de nomes para os dias serve para *pontuar* ou diferenciar o tempo em uma flutuação de valores sociorreligiosos variáveis que dizem, segundo o autor, não o que o tempo é, mas que *tipo* de tempo ele é.[37] Apesar dessas exceções, a prática de chamar modos diferentes de contar o tempo de "tempos" culturais diferentes é análoga à de chamar sistemas que numeram de acordo com bases diferentes (sexagesimal, decimal etc.) de *matemáticas* completamente diferentes. É fácil concordar com Johannes Fabian quando ele diz que tais estudos sobre a transformação cultural da experiência humana continuam estéreis por causa de sua inabilidade de "relacionar variação cultural a processos fundamentais que devem ser considerados constitutivos da experiência humana do Tempo".[38]

---

36 Evans-Pritchard, *The Nuer*, p.104-10.
37 Geertz, *The Interpretation of Cultures*, p.393 (veja também 31n).
38 Fabian, *Time and the Other*: How Anthropology Makes Its Object, p.42.

Roy Wagner

Dizer que nossos meios de registrar ou calcular algo *é* a coisa sendo calculada, que a descrição é a coisa descrita, é um atalho conhecido no discurso cotidiano. Ele autorreferencia nossos "pontos de referência" arbitrários de acordo com as necessidades do discurso e da ação, de forma que nosso aceitamento da medida convencional pela coisa medida é virtualmente automática. Esse é o caso do "tempo do relógio", do calendário, das crônicas e, portanto, da história, que chamamos de tempo referencial ou literal.

Qualquer que seja a forma de medição, o tempo literal invariavelmente representa sua essência por meio da travessia espacial (um relógio, relógio de sol, arco celestial, a fita na qual emissões atômicas são registradas, um circuito eletrônico), e há sentido em dizer que, a esse respeito, nós medimos o espaço e o chamamos de tempo. (Ou, para ser mais preciso, medimos o espaço como o "tempo" de nossa medição.) Nossos maiores símbolos de temporalidade — as passagens siderais de corpos celestiais, o ano solar, as configurações lunares, o quadrante do relógio — são todos espaciais. Além das analogias espaciais, como as rodas dentadas, as ampulhetas, os circuitos impressos, os instrumentos astronômicos e afins, não temos outros meios de representar o intervalo temporal. Também não temos nenhum controle empírico apropriado, além da sincronização de analogias espaciais diferentes, para saber se a "coisa" que está sendo medida e analogizada existe, e muito menos ainda se ela "flui" no ritmo medido e uniforme que nossos instrumentos sugerem.

Medimos o tempo por injunção, bastando comunicar o que os relógios estão fazendo. Um relógio ou ampulheta (ou qualquer outro tipo de instrumento cronológico) é simplesmente um mecanismo designado para funcionar de acordo com o que

Símbolos que representam a si mesmos

presumimos ser um ritmo uniforme. A sincronização desses instrumentos para realizar "uma medição precisa da passagem do tempo" representa uma extensão e universalização de um ideal convencional, ao invés de um tipo de prova de que o objeto que estamos medindo existe como uma propriedade das coisas. Não medimos ou adivinhamos o tempo, nós "temporalizamos" as próprias medidas.

A "passagem" do tempo é relativamente óbvia para todo mundo, já a "presença" do tempo, nem tanto. Mas isso não aconteceria precisamente porque medimos e, portanto, representamos o tempo por meio de sua passagem? O tempo literal é um valor compartilhado, e a referência do valor compartilhado é acumulação, pluralidade, para o espaço. Assim como ocorre com outros valores compartilhados, como o dinheiro e as palavras, nós podemos "gastá-lo" de diferentes maneiras, ou desperdiçá-lo. Mas é completamente supérfluo perguntar como podemos ter certeza de que minhas duas horas são as mesmas que as suas duas horas: assim como ocorre com todas as internalizações sociais e coletivas, é suficiente afirmar que elas o são.

Vale a pena falar de um tempo figurativo ou pessoal em contraposição ao convencional? Em certo sentido, o de que o "tempo é dinheiro" ou é *como* o dinheiro, o tempo pessoal é a vida, a soma dos ritmos, atividades e compromissos aos quais o tempo convencional dá uma valoração. Quando ele provê uma "virada" particularmente especial, um sentido ou inflexão à medida literal, figurando-a como "uma pausa de cinco minutos", uma "Guerra dos 30 Anos", ou "uma vida de loucuras", o tempo pessoal pode ser considerado figurativo. Como ele tem um sentido e centro próprio, como biografia autônoma, podemos nos referir a ele como tempo orgânico.

111

Roy Wagner

Na verdade, a vida é o único "tipo" de tempo que temos, e o tempo literal é uma mera tradução ou denominador comum para ela. As coisas que fazemos, por preferência pessoal ou *ethos* coletivo (geralmente uma combinação dos dois), fornecem-nos a familiaridade da duração ou presença temporal. E é exatamente porque essa experiência (se é que vale alguma coisa) *não* é a experiência da medição a que está acostumado quem consulta o relógio é que os relógios (de pulso, de sol) são necessários. Assim como o banco o faz através do dinheiro, ou o dicionário por meio das palavras, o tempo literal transforma o sentido em convenção, na valoração coletiva que a convenção representa. E assim a vida se torna tempo por meio da internalização automática da necessidade coletiva, e, por meio da mesma inelutável estenografia (ou atalho), o tempo é imbuído com a direcionalidade da vida.

Já que o sentido (ou a percepção) é o fundo de nossa apreensão e compreensão das coisas, qualquer percepção ou representação de qualquer coisa será alcançada por meio do sentido. E, uma vez que a obviação tangencia as mudanças de sujeito e objeto, figura e fundo, por meio das quais o sentido se constitui, posso acrescentar que a percepção ou representação trópica é alcançada pelo mascaramento do fluxo-sentido *como* aquela coisa. Assim, a "vida" que trocamos pelo tempo não é mais, em última análise, uma questão de biologia ou biografia do que a inversão daribi da maldição de Souw é uma questão de "fluxo" interno e externo; o "fluxo" real em ambos os casos é um fluxo de analogias. Sentido apreendido é tempo orgânico.

Mas o tempo orgânico, como foi demonstrado, subsume seu passado dentro de seu presente. A "vida" que damos ao tempo convencional ao trocar experiência por medição não é

Símbolos que representam a si mesmos

duração – "passagem" –, mas presença, como o sentido imediato do tropo. O conteúdo ou "acontecimento" do tempo é convencionalmente conhecido como "evento" ou "incidente". À luz desta discussão, entretanto, ambas as palavras conotam demasiada subordinação da presença ao movimento – excessivamente insignificante, como o tique de um relógio – para ser úteis. Eu usarei, em seu lugar, a palavra *época* (do termo grego que significa "parada" ou "cessação"); essa palavra é geralmente utilizada em contraste ao "intervalo" da medição do tempo. *Época* também significa "virada" e, nesse sentido, acomoda a noção figurativa de um "tropo".

O "intervalo" é, afinal de contas, a própria essência da utilização do espaço para representar o tempo, e um intervalo é medido por algum tipo de movimento ao longo de uma travessia espacial. A "parada" da época está em contradistinção a esse movimento, pois ela constitui um "pedaço" autodefinido de tempo, algo que é original e incomensurável para além de todas as tentativas de convencionalização. Época, portanto, é tempo considerado orgânico, acontecendo ao mesmo tempo que o enquadramento a partir do qual ele é percebido. Assim, a época é um fator fundamental na diferenciação do tempo; como espaço e velocidade (as metáforas pelas quais o tempo é medido), a época nos fornece um senso de relação e precisão no tempo. Ela é a presença do tempo.

Assim como a obviação, a época é essencialmente impermeável à direção, ao movimento e à subdivisão do tempo literal; é o tropo do tempo literal – o tempo que representa a si mesmo. Uma época pode ser instantânea ou ocupar eras e, ainda assim, não importa se memória ou classificação a atribui ao passado ou ao futuro, seu "tempo", como realização figurativa, é sempre "agora". Portanto, a época é o tempo tornado consciência, tempo como percepção ao invés do que é percebido. É sempre "agora" porque o "agora" é a imediaticidade da percepção, enquanto o "antes" é a alienação do percebido. Se a presença do tempo pode ser realizada apenas por meio do tropo, uma metáfora dentro dos meios não temporais que utilizamos para representar, "medir", sua passagem, então o tempo não tem "estrutura", assim como o tropo também não tem. A aparência de estrutura, ou até complexidade, como na metáfora e na obviação, deve-se inteiramente ao deslocamento dos pontos de referência convencionais. O tempo, como o sentido, "acontece" à convenção.

E o que dizer da "estrutura", da ciclicidade, do tempo literal? Já que sabemos que a época, assimilando tudo ao seu movimento, ao seu "agora", não admite medidas ou limites, podemos então perguntar como a medição do tempo chega à mediação entre estase e duração, entre o "agora" do instante e o "depois" do tempo decorrido. A resposta é que ela é alcançada através da circularidade ou da recorrência, não apenas no interminável ciclo de nossas séries de 12 ou 24 horas, ou no subir e descer dos corpos celestes, mas também no funcionamento do próprio relógio – suas engrenagens rotativas ou o abrir e fechar dos circuitos. Um retorno ao ponto de partida efetivamente nulifica o movimento intermediário e encerra o ciclo como uma unidade. Nesse aspecto, os ciclos do tempo literal simulam, de fato, a época, o encerramento da obviação. O ciclo "passa" ao encerrar.

Mas há uma diferença crucial entre os dois. Uma vez que ele *não* é um tropo ou uma época, o fechamento cíclico do relógio não pode *assimilar* posições passadas em uma expressão

Símbolos que representam a si mesmos

única, um "agora". Ainda que o movimento intermediário seja anulado, a unidade permanece. Logo, uma vez que não pode obviar (porque não pode, de acordo com meu jogo de palavras anterior, "des-contar"), o relógio (e o modo de calcular que ele sustenta) *acumula* encerramentos como unidades *contáveis*, gerando *pluralidade*, a modalidade do número e do espaço.

Se o "agora" da época constitui a unidade de tempo e consciência, então o acúmulo de fechamentos não resolvidos como pluralidade equivale ao desvio ou alienação da época. Nós *medimos* o tempo, portanto, por meio da alienação do número, como Bergson observa,

> Substituindo pela realidade concreta ou progresso dinâmico, que a consciência percebe, o símbolo material desse progresso quando ele já alcançou seu fim, a saber, do ato já completo junto com a série de seus antecedentes.[39]

O mundo do tempo espacialmente construído não possui um centro nem um "agora", pois seu presente (autocontido) deve ser sempre representado através de um meio contraposto que o desvia e descontextualiza. A imediaticidade do tempo como uma realização englobante é perdida no ato de transformá-lo em um meio representacional. O que vemos no indicador de um relógio é apenas incidentalmente um produto do ato de olhar; ele é, na verdade, o resultado de um processo produtivo mecânico do próprio relógio. O *agora* é assim sistematicamente sublimado e redefinido como uma função de relações numéri-

---

39 Bergson, *Time and Free Will:* An Essay on the Immediate Data of Consciousness, p.190.

cas complexas; ele se torna um "depois", um "outro" momento, uma antecipação do "acontecimento" na ordem dos momentos passados, e, assim, uma antecipação do passado. Contanto que o ponto de referência de nossa experiência do tempo, e de nossa compreensão do tempo, esteja localizado em outro lugar, contanto que ele seja, de algum modo, *localizado*, o tempo será defraudado de seu "agora" e de seu sentido. A qualidade autocontida do tempo é o seu "acontecer", mas a referência-outra do espaço sempre situa um "aqui" com referência ao "ali". A pluralidade do espaço, que Bergson equipara à qualidade do número, resulta em um tipo de equivalência entre pontos, de forma que cada um deles é sempre simultâneo aos – ou até mesmo substituível pelos – outros. Mas o "acontecer" é irreversível, e, portanto, mortal: uma época rememorada já é parte de outra época.

Em seus estudos sobre o desenvolvimento cognitivo de crianças (suíças), o psicólogo Piaget introduziu o conceito de "reversibilidade" como uma propriedade do que ele chama de "pensamento operacional". Parafraseando sua própria descrição, a "reversibilidade" caracteriza a capacidade imaginativa que lida e analisa seus objetos como entidades integrais e distintas, independentemente do ato de imaginá-los. O pensamento reversível permite (em termos cognitivos) a existência independente dos objetos, que eles "conservem" formas e volumes e que generalizemos com base nessas propriedades. Portanto, a reversibilidade é um aspecto da conceitualização espacial e matemática, uma habilidade, claramente, para conceber e sustentar mundos realísticos e consistentes.

Nossa noção de "espaço", na medida em que aparece como distinta da de "tempo", é certamente um produto da reversi-

Símbolos que representam a si mesmos

bilidade. Ao espaço é concedida uma integridade objetiva, e o tempo que é consumido percebendo-o, traçando-o, medindo-o ou, de outro modo, figurando-o não afeta sua objetividade. No entanto, o tempo, até a sucessividade do tempo orgânico, pertence, sem dúvida, ao irreversível. "Aqui" é um lugar que você pode ter visitado no passado e ao qual pode retornar no futuro, mas o "agora" não possui essa propriedade. Portanto, é possível que espaço e tempo sejam, respectivamente, análogos reversível e irreversível um do outro.[40]

O tempo deve ser "congelado" no espaço, tornado reversível para ser contado, retratado como uma pluralidade contável. Portanto, uma unidade do espaço ou de um análogo espacial do tempo, uma modelagem do mundo percebido, objetifica-do independentemente do ato de imaginá-lo. A época, como o modelo da consciência que percebe, o tempo *como* ato de imaginação, não é apenas classificável como tempo orgânico, é também, por assim dizer, "contígua" a ele. O tempo orgânico, suas representações por meio do tropo e da obviação e, portanto, por meio do sentido, são exemplos de época, o único tempo que experienciamos diretamente e o único modo que possuímos de experienciar o tempo diretamente. A época é o tempo, o tempo literal é a representação do tempo através de sua própria alienação.

Devemos insistir nas implicações desse fato, pois elas não são parte de nosso senso convencional do tempo. Uma vez que a época, o "agora" que é o único tempo que já existiu ou existirá, é o ponto da percepção ou da consciência, ela cons-

---

40 Ibid., p.100.

titui o tempo organicamente. O que chamamos, no modelo literal do tempo e do cálculo, de tempo "passado" e "futuro" são colisões igualmente emergentes contra o "presente", uma vez que *qualquer coisa adicional que eu vier a aprender ou recordar sobre o passado, assim como minha lembrança de qualquer coisa que eu "saiba" sobre o passado, reside no futuro do que eu, agora, chamo de "presente".*

A despeito da importância que a discriminação entre acontecimentos passados e projetados, ou imaginados, representa para a orientação da mente, todos eles são igualmente superadicionados à situação em questão. Assim, a memória e a invenção, ou criação, são ambas espécies de projeções, que imaginam transformações metafóricas de uma ordem "conhecida" sobre o primeiro plano de um "presente" em movimento. Porque dependemos da memória, da expectativa e da aspiração para dar continuidade aos nossos pensamentos e ações, segue-se que vivemos as sequências de nossas vidas *antes* e *adiante* de cada momento da época. Cada instante é o começo do passado. Como afirma Bergson:

> Fora de mim, no espaço, nunca há mais do que uma única posição da mão e do pêndulo, pois nada sobra de posições passadas. Dentro de mim, ocorre um processo de organização ou interpretação de estados conscientes, que constitui a verdadeira duração.[41]

Passado e futuro nada são além de imagens, transformações ou transposições de uma imagem igualmente projetiva e me-

---

41 Ibid, p.108.

Símbolos que representam a si mesmos

tafórica chamada "presente".[42] Uma memória de infância, um episódio da Idade Média ou uma ficção sobre o futuro próximo ou distante: cada um deles é uma peça de tempo figurativo que pertence ao fluxo da analogia – um "agora" que lembra ou imagina a si mesmo em (e a partir de) outros "agoras". Ainda que possamos "estabelecer o tempo" de algo com um cronômetro (assim como pessoas são monitoradas em laboratórios de sonhos), esse fluxo de analogia não tem nada a ver com a passagem do tempo do relógio: sua inevitabilidade não é nem a de um cortejo de segundos e nanossegundos inexoravelmente precisos em uma imitação extravagante de nossos aparelhos de medição nem a de um cosmo de movimento majestoso, mas inexplicável, como se fosse uma "quarta dimensão". Ela está relacionada com a qualidade não negociável e autosselante da época como tempo orgânico.

A espacialização do tempo é mais óbvia na civilização moderna ocidental do que em qualquer outra, às vezes parece que nossos mais poderosos espelhos telescópicos têm como objetivo *defletir* a época cósmica aos confins mais remotos possíveis. Nossos ciclos cosmogônicos – a criação e dissolução do universo material – são levados ao limite dos processos remotos

---

42 O "agora" é um tropo porque a simultaneidade literal é impossível; a *experiência* do *agora* como uma imediaticidade do pensamento corresponde à formação de um tropo "entre" o passado imediato de uma percepção realizada há-pouco e a antecipação da intenção. Quando a situação é percebida, ela já passou; portanto, o mundo que vemos e ouvimos não é aquele em que agimos. Nós nos "jogamos" cegamente em nossas ações, guiados apenas por uma antecipação adquirida baseada na experiência daquilo que está "lá fora". O "agora" é uma experiência que solda a percepção e a intenção em uma imagem (e ilusão) de simultaneidade.

da evolução espacial, como turvos parênteses astronômicos colocados entre nossa história e muito além dela. Dentro desses espaços, um tempo abstrato e uniforme faz tique-taque, sem interrupções apocalípticas ou holocaustos calendários mesoamericanos. Aquilo que outros perceberiam como época se encontra dissociado por um repúdio inconsciente à relação entre o tempo e a percepção humana.

O espaço, o modelamento do percebido, não possui nenhum elemento de imediaticidade do qual se dissociar; podemos avistar o espaço tão longe quanto pudermos. Mas a época é, na prática, delimitada pelas capacidades mortais e humanas; ela é tempo "orgânico" em um duplo sentido – tanto a vida e mortalidade humanas quanto a fusão entre evento e meio. O modelamento de uma percepção que se estende "desde o Cretáceo ao presente" implica algo consideravelmente prodigioso em termos de capacidade mortal: que tipos de processos e experiências de vida teriam de acompanhar tal época? Dado que a consciência viva é definidora do tempo, a expansão da escala não é de forma alguma a mesma coisa que extrapolar distâncias familiares em anos-luz. E, no entanto, ela ocorre com a mesma facilidade com que partículas subatômicas de duração evanescente são extrapoladas em problemas universais, ou com que reduzimos aglomerados de galáxias em conjuntos de partículas minúsculas em uma chapa fotográfica.

Do ponto de vista do tropo e da constituição do sentido, o enquadramento de orientação desta discussão, o tempo cósmico ou astronômico equivale a uma infusão mística da capacidade humana na fábrica da realidade, como a noção de Eddington do universo como um "pensamento na mente de Deus". Compreendido como uma metáfora em si, uma infusão mística (em

Símbolos que representam a si mesmos

nada diferente da imortalidade original do homem, ou da pele imortal de Souw, no mito daribi), ele compele um mundo imaginativo de escopo gigantesco e poder fáustico. O tropo é formado, como todos o são, no "agora" de sua realização, e pode ser que o astrônomo que o criou morra antes que o estalar de seu isqueiro alcance a extremidade de nosso braço espiral, mas o sentido do tropo é uma percepção divina que atravessa milênios.

Tratado como objeto ou conteúdo, ao invés da *condição*, de um tropo, o tempo espacializado produz um efeito similar, a mudança de escala, ao de outros instrumentos astronômicos. Mas evidências sugerem que a ampliação analítica e espacial se difunde para além dos confins da astronomia. É digno de nota que Fabian, o qual acertadamente acusou teóricos da "construção cultural" do tempo de ignorar seus aspectos constitutivos, o tenha feito como parte de sua crítica mais geral contra o uso do tempo como forma de afastar e objetificar o "outro" na Antropologia.[43] O tempo é erroneamente interpretado, em primeiro lugar, como se fosse o espaço que utilizamos para medi-lo e, em segundo lugar, como se fosse um intervalo separando antropólogo e objeto. Portanto, é possível que a espacialização do tempo seja parte do que podemos chamar de uma distorção topológica geral na visão de mundo ocidental, que também se encontra na raiz de nossa incompreensão com relação ao tropo. Não é mera coincidência que a ciência ocidental do sentido, a semiótica, tenha sido fundada na excisão entre o signo e a imagem perceptual.

---

43 Fabian, *Time and the Other*, cap.5.

O relógio, o calendário e a crônica não expressam ou espelham o "conteúdo" do acontecimento; ao invés disso, eles os "medem" por meio de números arbitrários que representam a acumulação de fechamentos cíclicos vazios e não resolvidos. A ciência racionalista e a tecnologia estendem essa medição de "acontecimentos" inescrutáveis à sua representação e replicação por meio de uma pluralidade de fechamentos não resolvidos, por meio do número, de funções numéricas e reciprocando ciclos mecânicos ou eletrônicos. Desse modo, a base prática da civilização racionalista e seus ideais é a *simulação* da época e da resolução, do encerramento mortal e do sentido, através de meios arbitrários e contrafeitos, mas controláveis.

O *locus* significante dessa "captura" e replicação da ciclicidade "natural" para a civilização ocidental foi o relógio mecânico, incialmente desenvolvido por De Dondi e outros como um simulador de movimentos celestes. O núcleo dessa inovação, o mecanismo de escape (também conhecido por causa de um aparelho chinês mais antigo, um prognosticador de eclipses imenso feito de madeira, utilizado pelo imperador), produz o retardamento, a autoinspeção ou obviação, da ciclicidade pelo seu próprio movimento. Checar ou retardar o movimento é um meio de controlá-lo, e controle é a única vantagem obtida por meio da replicação. Dado que um controle análogo é necessário na descentralização de energia da época em relação ao seu acontecimento que impulsiona toda máquina, a época simulada do "tempo" e a época simulada do "trabalho" possuem no relógio seu ancestral comum. Como observou Lewis Mumford:

> O relógio, e não a máquina a vapor, é a máquina-chave da era industrial moderna... Em sua relação com quantidades deter-

Símbolos que representam a si mesmos

mináveis de energia, com a padronização, com a ação automática e, finalmente, com seu próprio produto especial, a sincronização precisa, o relógio tem sido a máquina primordial da técnica moderna... ele define a perfeição à qual as outras máquinas aspiram.[44]

Para aqueles que querem atribuir qualidades "naturais" de poder ou força à nossa tecnologia automática, a máquina a vapor é uma escolha óbvia para a máquina ancestral. Na história (ao inaugurar a Revolução Industrial inglesa), assim como na prática, a máquina a vapor simboliza o mais sociomórfico dos atributos, o trabalho. Mas o relógio veio primeiro,[45] e dadas as considerações específicas que Mumford menciona, é discutível se a máquina a vapor poderia ter sido concebida de forma efetiva caso o relógio não a houvesse precedido. De fato, a máquina a vapor é um tipo de relógio, o pistão ao invés do pêndulo ou mola principal, o governador ao invés do escape, um relógio que mantém seu "tempo" com uma autoridade consideravelmente pragmática. O mesmo pode ser dito de seus descendentes movidos a eletricidade ou petróleo; toda máquina automática é um "relógio".

A indústria eletrônica mais moderna (mecânica com "percepção" integrada) utiliza o fechamento de circuito como uma "roda interna" altamente flexível, com um fechamento convenientemente negociável. A tecnologia da roda e do circuito, em seu desenvolvimento moderno, pertence ao gênio especial

---

44 Mumford, *Technics and Civilization*, p.14-5.

45 Gimpel, *The Medieval Machine:* The Industrial Revolution of the Middle Ages, p.152-4.

da cultura ocidental, e sua aplicação pragmática da dialética, escondida por trás dos contornos modernos da carroceria de um carro ou da fachada cintilante de um computador, permite que a cultura utilize a dialética sem nunca ter de arcar com suas consequências mais amplas.

Supostamente mobilizando a força natural para fins culturais, a tecnologia está na verdade aproveitando a cultura, a descentralização e a "domesticação" da reflexibilidade do tropo que alimenta a motivação cultural. Da mesma forma, a ciência natural pode ser vista como uma aplicação da tecnologia para fins explicativos, modelando o funcionamento do universo por meio da criação de explicações funcionais e "enquanto ferramenta", reconstruindo o objeto de estudo analogicamente, como se fosse uma máquina – produzindo o universo como um modelo de produção. No centro desse esforço ambicioso está a mística que identifica uma descrição ou imitação de eficácia autocontida com a "natureza". Dizemos que as leis ou forças da natureza estão em funcionamento em nossas máquinas e fórmulas (e que os princípios de nossa tecnologia podem ser observados na natureza), que a tecnologia aproveita e a ciência revela uma ordem natural inata, e assim maquinamos uma sanção cósmica adequada para nossa simbologia prática.

O problema é que a "natureza" representada por tais analogias mecanicistas é uma descrição da natureza de um físico, um modelo matemático e abstrato da ordem natural, ela mesma concebida em termos mecânicos com base na pressuposição de que a natureza opera mais ou menos como uma máquina. Apesar de não ser difícil encontrar evidências de conversão ou conservação de energia em fenômenos naturais, os modelos aos quais a evidência se endereça foram fornecidos por nossa

Símbolos que representam a si mesmos

tecnologia. Assim, uma vez que a conversão e conservação de energia são fundamentalmente exemplificadas pela experiência tecnológica, a "natureza" simbolizada em uma máquina é essencialmente a natureza da tecnologia. Máquinas funcionam como a natureza funcionaria se ela fosse uma máquina.

Um mundo de pensamento e ação que se orienta por uma convenção arbitrária, pelo tempo histórico e por relações racionalizadas – época descentrada – não se separou da natureza (o produto e a ilusão de sua alienação), mas sim da cultura. É o *símbolo* (em sua forma constitutiva do tropo e como constituinte de um mundo social), como afirmou Richard Sennett, que é problemático. É dessa forma que a mais importante indústria articuladora da civilização moderna é interpretativa, o esforço para centrar de novo a época e o tropo como elementos significativos e produtivos na vida comercial, intelectual e comercial. A cultura e o símbolo devem ser inventados por meio da hermenêutica, fenomenologia, antropologia, história, literatura e do criticismo literário acadêmico, e por meio da propaganda, do entretenimento, das "notícias" e dos comentários sobre as notícias – vulgo "conversa nacional". Nós inventamos a cultura para os outros porque estamos tentando inventá-la para nós mesmos.

A indústria interpretativa é secundária em relação à indústria primária de moldar um mundo racional e técnico a partir de uma época descentrada, mas é primária do ponto de vista dos habitantes desse mundo, cujos sentidos, assim como produtos, são alienados. A invenção da cultura é motivada pela invenção da natureza. É o conhecido flagelo da civilização urbana que ultrapassa seu limite, da retórica romana na teoria e na prática, da fenomenologia asteca do tropo e da metáfora sobre a qual escreve Leon-Portilla e, finalmente, da "segunda religiosidade" de Spengler – a "luz pura do vazio" do sufismo e do budismo.

Seria a obviação da obviação uma consequência histórica? Seria ela mesma, talvez, um produto da obviação? Consideremos o caso ocidental em perspectiva histórica.

6
O símbolo nuclear ocidental

Berengário, escolástico de Tours e arquidiácono de Angers, o pupilo mais brilhante do famoso Fulberto de Chartres, era estudante de gramática e retórica e um dotado versificador em latim do século XI. Hábil em dialética, ele é conhecido sobretudo pela afirmação e teimosa defesa da natureza figurativa da eucaristia. Sua posição foi condenada oficialmente como heresia e ele foi forçado a abjurá-la diversas vezes; apesar disso, a acuidade de seus argumentos não foi esquecida e escritores posteriores, como John Wycliffe, diversas vezes buscaram defendê-lo. Mas não é por isso que começo com ele, e sim porque, da mesma forma que o antropólogo contemporâneo David M. Schneider o fez, em outro momento e por razões completamente diferentes, Berengário chamou atenção para o que podemos designar "símbolo nuclear" cultural.

É óbvio que a eucaristia simbólica de Berengário não é em nada semelhante à união entre lei e natureza (código para conduta e substância) que organiza as relações de parentesco americanas (e, na verdade, a cultura americana como um todo) da obra de Schneider. Ambos, entretanto, preocupam-se com a

Roy Wagner

mediação de dualidades básicas, e ambos, em um sentido mais específico, estão preocupados com a transformação do sangue e da substância. Dado que eles pertencem à mesma continuidade tradicional, podemos considerar a possibilidade da inter--relação entre eles. Qual papel eles desempenham na expansão da metáfora-ponto em enquadramento cultural que constitui a simbolização nuclear daribi?

As implicações teóricas dessa questão têm a ver com a versatilidade e a utilidade do modelo obviador da expansão trópica: ele é aplicável tanto à simbolização nuclear de uma civilização, ou "alta cultura", quanto àquela de pessoas como os Daribi? Se esse for o caso, o que sua aplicação pode nos dizer sobre as similaridades e diferenças entre esses dois tipos de tradução aparentemente dissimilares?

Se começarmos com a eucaristia de Berengário como o tropo de uma mediação da relação hierárquica entre Deus e o homem (da mesma forma que a expansão do símbolo nuclear daribi começou com o tropo do *ge*), podemos construir o conhecido triângulo mediador (Figura 16A). A noção de comida sacramental ou de compartilhamento de substância como ligação mediadora do humano com o divino tem suas raízes na antiga tradição judaico-cristã. Gillian Feeley-Harnik associa essa noção a duas pressuposições:

> A primeira é a de que a comida que Deus oferece é sua palavra; a comida incorpora sua sabedoria. A segunda é a de que comer a sabedoria de Deus estabelece um acordo vinculativo, um pacto, entre comensais, de obedecer às suas palavras.[46]

---

46 Feeley-Harnick, *The Lord's Table:* Eucharist and Passover in Early Christianity, p.82.

Símbolos que representam a si mesmos

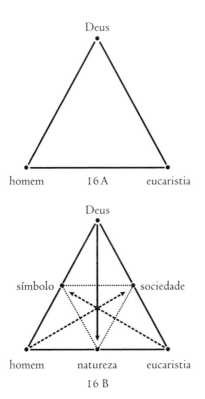

Figura 16: A mediação nuclear da cristandade latina.

Para Berengário, e para os cristãos que o precederam e o seguiram, "comer a sabedoria de Deus" dessa forma implicava, *de uma maneira ou de outra*, uma presença divina identificável com Jesus Cristo como o mediador (sacrificial) entre Deus e homem e, por extensão, com a Igreja que representa Cristo por meio de seu direito de sucessão à Sé de Pedro. (A fórmula medieval mais comum que equaciona Cristo à divina presença fala de "Jesus Cristo que [...] está sentado à direita de Deus".) A Figura 16A, então, representa a formulação mediadora básica da cristandade latina medieval.

Se uma linha média for traçada a partir de cada ponto de mediação ao lado oposto, como na figura 16B, criamos um formato obviador. Se identificarmos o oposto axial cruzado de cada ponto da mediação original com o *objeto* da entidade ou agência que ele representa (assim como Deus criou a *natura* como seu objeto, o homem criou a sociedade), então a obviação passa a ser caracterizada por antíteses criativas. Uma mediação interna, inscrita, é configurada de forma que cada ponto no triângulo interno medeie entre dois pontos no externo e vice--versa. Assim, a "sociedade", objeto de homem, medeia entre Deus e a eucaristia como hierarquia clerical/secular por meio da qual a presença divina é conferida. A "natureza", o objeto de Deus, medeia entre o homem e o sacramento através de materiais brutos, o grão e o suco fermentado, transformados e consumidos na eucaristia. A junção simbólica da sociedade e da natureza, registrada como "símbolo" na Figura 16B, medeia entre Deus e o homem como *logos* bíblico, ou palavra divina, e como conceito medieval da graça divina (*gratia*).

Ao considerar o triângulo interno ou inscrito como uma mediação em si mesma, como mediação entre natureza e sociedade pelo símbolo, torna-se claro que esse "oposto" da mediação eucarística é equivalente à mediação epitomizante, ou nuclear, do *Parentesco americano* de Schneider. Assim, as identificações dos símbolos básicos feitas por Berengário de Tours e David M. Schneider, em momentos diferentes, em circunstâncias completamente diferentes e por razões diferentes, são, na verdade, as versões respectivamente "interior" e "exterior" uma da outra; elas são, assim como a inversão daribi, uma reversão figura-fundo.

Símbolos que representam a si mesmos

Se esse for o caso, assim como o *Homo hierarchicus* e o *Homo aequalis* de Louis Dumond, tanto a hierárquica eucaristia medieval quanto o igualitário símbolo epitomizante de Schneider contêm o outro dentro de si, ainda que apenas por implicação. Ambos estão igualmente presentes nos períodos medieval e moderno, mas, como indicam as formulações de Berengário e Schneider, eles estão "presentes" de forma respectivamente diferente. Isso sugere, portanto, que a reversão figura-fundo da civilização ocidental é articulada *temporal* ou historicamente, e não ritualmente.

Uma articulação ritualizada da reversão figura-fundo é exemplificada pelo *habu* daribi, que controla a reversibilidade ameaçadora das metáforas-enquadramento do processo vital e da mortalidade executando uma resolução ritual que engloba ambas ao mesmo tempo. Uma articulação temporal envolveria a execução histórica da própria reversão, obviando primeiro um "lado" (como "resistência" interna) da figura inversa por meio do outro, para então reverter o processo. Já se sugeriu que tal inversão ou transformação de uma orientação religiosa em secular tenha ocorrido aproximadamente durante a Reforma. Talvez a mais famosa articulação tenha sido *A ética protestante e o espírito do capitalismo*, de Weber.

Mas uma advertência se faz necessária aqui. A obviação temporal ou histórica de um símbolo nuclear é um processo ideológico, não importa o quão intrinsicamente essencial ela venha a ser no desenvolvimento histórico. Ela não deve, de forma alguma, ser confundida ou identificada com a própria história – a "realidade" do evento e da personalidade – e seria um erro imaginar que ela explique ou determine a história. A história, no sentido mais pleno em que sua "realidade" pode

Roy Wagner

ser concebida pelo conhecimento acadêmico moderno, não padece de explicação nem de determinação. Contudo, assim como os objetos da pesquisa de campo antropológica, certos aspectos dela podem ser modelados com eficácia, e se não nos esquecermos das limitações do modelo, pode-se auferir uma vantagem também limitada.

No que diz respeito à modelagem de um símbolo nuclear e de sua reversão figura-fundo, nossa preocupação é com o sentido. Esse é um interesse limitado, com paralelos nos trabalhos de Louis Dumond e David Schneider, e deve ser claramente distinguido dos modelos históricos dos ideais e instituições (política, história constitucional) por um lado, e daqueles que tratam de considerações práticas e materiais (história econômica, do desenvolvimento), por outro. Tanto os modelos baseados no ideal e no prático têm interesse manifesto na acumulação e continuidade histórica, no "progresso" ideológico de um "ismo", liberdade, ou instituição, ou "desenvolvimento" desta ou daquela cidade, classe social ou profissão. A vantagem da modelagem ideológica é que, sendo dialética e recursiva, ela oferece um corretivo formal aos tradicionais modelos lineares e orientados pelo conteúdo.

O tempo como época constitutiva, minha preocupação central nesse modelo, não possui nenhuma equivalência necessária com o tempo cronológico ou histórico. Mas, uma reversão figura--fundo da época que é articulada temporalmente – por meio do fluxo da história – deve ter alguma ressonância com o tempo do calendário e da crônica. Portanto, ainda que eu utilize épocas ao invés de datas e eventos celebrados como pontos da análise obviadora, é possível que eles correspondam de forma bastante parecida com o mapeamento cronológico da história ocidental.

Símbolos que representam a si mesmos

O posicionamento com relação à eucaristia defendido por Berengário contra a oposição concertada dos conselhos da Igreja entre 1050 e 1079 tem sua origem em um confronto anterior, que A. J. MacDonald, autor da obra clássica sobre o assunto, chama de "a primeira controvérsia eucarística"[47] (a de Berengário foi a segunda). A noção de natureza figurativa da eucaristia seguia os ensinamentos de Santo Agostinho, e parece ter sido a interpretação predominante do sacramento desde o período carolíngio até a época de Berengário.[48] No entanto, ela foi desafiada por Pascásio Radberto, abade de Corbie durante o reinado de Carlos, o Calvo (831), que defendeu a posição "metabólica" de Santo Ambrósio de que o conteúdo da eucaristia é a verdadeira carne e sangue de Cristo.

A interpretação de Radberto foi quase imediatamente refutada por outro monge de Corbie, Ratramno. Em uma obra comissionada por Carlos, o Calvo, Ratramno afirmou que o sacramento era apenas mental e relativamente o corpo e o sangue de Cristo. Porém, o trabalho mais profundo e compreensivo daquele tempo, e o que parece ter inspirado as ideias de Berengário, foi *De divisione naturae*, escrito pelo monge e filósofo irlandês João Escoto Erígena (810-877). Em seu trabalho, a totalidade da natureza como Deus que cria a si mesmo em forma manifesta é compreendida como um tipo de sacramento figurativo. Segundo Erígena, a substância de Deus não pode ser conhecida, exceto se for figurativamente refletida ou manifesta na natureza. O homem, criado à imagem de Deus, reflete

---

47 MacDonald, *Berengar and the Reform of Sacramental Doctrine*, p.231.
48 Ibid., p.237-8.

todas as coisas na natureza e é o *copula mundi*, seu catalisador universal, por assim dizer.

A filosofia de Erígena, o panteísmo como sacramento e o sacramento como panteísmo – a natureza como Deus que cria a si mesmo, uma visão sancionada pela ortodoxa interpretação agostiniana do tempo – marca o ponto inicial (*A*) na obviação do símbolo nuclear ocidental. Sua época, a dos primeiros imperadores da cristandade latina, incorpora a primeira consideração e discussão ocidental europeia séria sobre o mistério religioso oriental.

Berengário, que defendia essa visão agostiniana, estava destinado a ser o maior dissidente de sua era, assim como seria Radberto, com sua doutrina ambrosiana, durante o período carolíngio. Na época de Berengário, ao final do século XI, houve a reforma papal de Gregório VII, o qual havia humilhado o divino imperador romano, Henrique IV, na nevasca de Canossa com a questão da investidura dos bispos. É provável que uma Igreja militante que quisesse fazer valer o direito de nomear seus próprios funcionários também precisasse de um sacramento não derivativo ("Se até agora nós retivemos apenas a aparência, quando teremos a coisa em si?", gritou um diácono indignado, com respeito à posição de Berengário, no Conselho de Vercellia em 1050).[49] Hidelbrando, que se tornou papa Gregório VII e o principal autor da Reforma, havia, no passado, mostrado por Berengário a simpatia que um espírito reformador tem por outro, e mesmo como papa procurou protegê-lo da multidão de seus detratores (ainda que estivesse a algumas

---

49 Ibid, 81.

Símbolos que representam a si mesmos

horas de submeter Berengário ao suplício do ferro em brasa em novembro de 1708).[50] Ao fim e ao cabo, ele foi obrigado, tanto para sua segurança quanto pela de Berengário, a forçar Berengário a se retratar. A época de Gregório VII e o despertar da reforma papal estavam comprometidos com a realidade da transformação eucarística; ela buscava um milagre onde a era anterior havia encontrado um mistério. Isso se mostra claro na declaração que Berengário foi forçado a ler em Roma (1059), por uma assembleia extremamente hostil:

> Que o pão e o vinho que são colocados no altar após a consagração não são apenas um sacramento, mas o verdadeiro corpo e sangue de nosso Senhor Jesus Cristo e, perceptivelmente, não apenas no Sacramento, mas em realidade, são tocados e partidos pelas mãos do padre e mastigados pelos dentes dos fiéis.[51]

Assim, a literalização ou aceitação do sacramento figurativo agostiniano do período carolíngio como realidade pode ser considerada a segunda substituição, ponto *B*, da sequência medieval. Ela coincide com a controvérsia de investidura e com a afirmação do direito da Santa Sé de investir seus próprios funcionários, em contraposição à sua nomeação claramente política feita por lordes seculares, prática comum desde antes de Carlos Magno (a quem Spengler chama de "Califa de Frankfstan") ter assumido o título de "Protetor dos Fiéis".

---

50 Ibid, p.189.
51 Ibid., p.130-1.

Como mediação entre o dominador "protetorado" dos antigos lordes e a feroz autonomia declarada por Hildebrando, por um lado, e os sacramentos agostinianos figurativos e literais ambrosianos, de outro, a época seguinte foi notável. Ela substitui uma Igreja socialmente reformada – uma sociedade religiosa de ordens e monastérios – e uma espécie de epissociedade religiosa de estados cruzados no Levante e dos Estados Papais na Itália pela antiga titularidade secular e pela doutrina hildebrandiana da pureza que se seguiu. E ela substitui um florescente escolasticismo – muitas vezes chamado de "renascença do século XII" – de disputa aberta e fundamentada em lugar da intuição carolíngia e do literalismo anti-intelectual da época anterior. A época do início à metade dos anos 1100, o ponto *C*, ou o primeiro fechamento da obviação medieval, foi a descoberta medieval da sociedade e da razão.

A societatização da religião não teve seu ritmo diminuído até que o Quarto Conselho de Latrão de 1215 proibisse a criação de novas ordens. Sua obsessão com o *ethos* pode ser observada na vida e nos escritos de um de seus maiores expoentes, Bernardo de Claraval, e na preocupação generalizada com as regras monásticas. Mas um código para a conduta religiosa, não importa o quão societária seja a comunidade, não é necessariamente um código tolerante. A disputa racional é pensamento público e social, e as universidades, que começaram a surgir nessa época, podem ser descritas como a societatização da razão ou da investigação. Inevitavelmente, como havia acontecido com Hildebrando na época anterior, Bernardo entrou em conflito com o espírito investigador – na pessoa de Pedro Abelardo. Abelardo havia postulado, apenas a título de argumentação, várias proposições heréticas em um tratado sobre

Símbolos que representam a si mesmos

a Trindade, e Bernardo liderou aqueles que o condenaram e o afastaram da vida pública.

Porém, com relação à conceitualização sacramental, o desenvolvimento mais significativo foi escolástico e não monástico. Enquanto analistas anteriores, de Radberto a Berengário, consideravam as substâncias do sacramento – o vinho e o pão – de modo direto, como coisas que podiam ou não mudar, os realistas e nominalistas do século XII tinham como fazer agradáveis distinções entre essência e acidente, ou entre a palavra e a coisa significada. Assim, a oposição entre interpretações figurativas e interpretações literais foi mediada por uma sutileza conceitual na lide com simbolizações. Gilberto de la Porée, por exemplo, da Escola de Chartres, defendeu a separação entre os universais (platônicos), como a divindade, e as propriedades acidentais que os acompanhavam.

A época que se seguiu, o ponto *D* nesta avaliação, é geralmente considerado como o ponto máximo da façanha medieval. Ele coincide com o papado de Inocêncio III, um ordenamento hierárquico dos poderes da cristandade latina sob a autoridade do papa que se aproximava muito da teocracia; e o Quarto Conselho de Latrão, que transformou a doutrina sacramental da transubstanciação em dogma. Essa também foi a era de Tomás de Aquino e do refinamento da arquitetura gótica.

A doutrina da transubstanciação foi desenvolvida a partir da filosofia realista da época precedente e se baseou na hipótese da realidade essencial das categorias conceituais e verbais convencionais. A imperceptível essência-tipo, ou universal, inerente a toda coisa particular de acordo com sua espécie se chamava *substantia*. Os aspectos sensoriais, perceptíveis, que diferenciam

Roy Wagner

uma coisa das outras de seu gênero eram chamados de *accidentia*. Com base nisso,

a ideia da transubstanciação é a de que, na consagração dos elementos, a *substantia* muda, mas a *accidentia* permanece a mesma. A *substantia* do pão e do vinho torna-se a *substantia* do corpo e do sangue de Cristo. A *accidentia* permanece a mesma, e a *accidentia* é tudo o que sobra do pão e do vinho originais.[52]

Era isso que constituía a base do ser, a presença divina em comunhão com o clérigo e os fiéis, um tipo de tropo desincorporado, como uma figura de linguagem movendo-se independente da linguagem. (A própria ideia é mística, como a "ação direta à distância" de Newton, ou a entropia moderna.) Mas se a transformação era mística e disforme, seu produto era, não obstante, como *substantia*, convencional. Aqui, de novo, como em *B*, uma expressão basicamente trópica torna-se substantiva em virtude de ser identificada como um milagre e uma realidade superordenada.

Nada poderia contrastar mais com a concepção de Erígena do mundo natural, a *accidentia*, como figura ou manifestação de Deus do que isso. E assim a doutrina da transubstanciação cancela o sacramento figurativo carolíngio de forma tão eficaz quanto o papado teocrático de Inocêncio III reverteu o domínio secular da Igreja sob Carlos Magno. A Figura 17 elabora essa evolução do sacramento ocidental nos termos conceituais da transubstanciação. A doutrina agostiniana inicial, como articulada por Erígena,

---

52 Barclay, *The Lord's Supper*, p.72.

Símbolos que representam a si mesmos

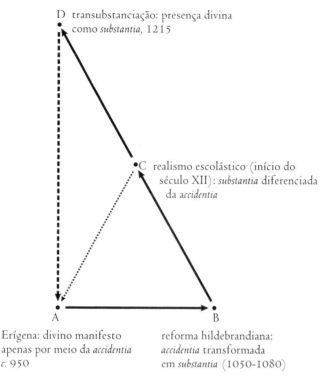

Figura 17: Evolução sacramental em termos escolásticos.

imaginava a presença divina como uma *figura*, uma manifestação icônica por meio da própria *accidentia* da natureza. Os reformadores hildebrandianos, em *B, equipararam* essa figura da *accidentia* com a *substantia* da presença divina, fazendo que a eucaristia executasse o milagre da *accidentia* que se torna *substantia*. A época seguinte, *C,* negociou a distinção filosófica entre *substantia* e *accidentia*, e o Quarto Conselho de Latrão, em *D,* reconheceu a presença divina no sacramento como *substantia*.

Foi Inocêncio III quem identificou a função do papa como "vicário de Cristo na Terra", e cuja concepção ilustre dominou

Roy Wagner

o teor das reivindicações papais durante o século XIII. Ela se tornou ainda mais grandiosa com a ascensão de Benedito Caetano ao trono papal, como Bonifácio VIII, ao final do século.

Nesse ponto, entramos na época do colapso do "papa monarca" medieval como força unificadora dominante da cristandade latina. De certa forma, pode-se dizer que Bonifácio acelerou o colapso com sua teimosa resistência ao rei francês Felipe, o Belo, e a outros gananciosos governantes seculares de seu tempo, ainda que as funções de seu cargo o tivessem colocado em uma posição impossível. No entanto, sua resposta foi aumentar a aposta: com sua bula *Unam Sanctam* (1302), ele confirmou a infalibilidade e o direito de depor monarcas, e concluiu: "Nós declaramos, proclamamos e definimos que a sujeição ao pontífice romano é absolutamente necessária à salvação de cada criatura humana". (Ele morreu em 1303 após uma tentativa de sequestro por Nogaret, um agente de Felipe, o Belo.)

A Bonifácio se credita o aumento da tiara papal à altura de uma vara, e o acréscimo de duas coroas a ela. Ainda mais importante, no que concerne a este trabalho: ele criou, em 1300, uma espécie de auto chamado indulgência, que, caso concedida, absolveria uma pessoa arrependida, perdoada e confessada da punição temporal do purgatório. Ao conceder esse auto (em troca de doação monetária), a Igreja fez uso do depósito de mérito estocado com Deus por meio da morte sacrifical de Cristo na cruz. A indulgência havia sido concedida por papas que o precederam, e a ideia de um estoque de graça divina ou mérito foi articulada por Santo Anselmo em seu livro *Cur Deus Homo?*, escrito em uma época anterior (1097-1099). Mas a distribuição de graça em larga escala, um produto sacramental, pela Igreja para seus próprios fins, que começou com o grandioso

Símbolos que representam a si mesmos

jubileu papal em 1300, está diretamente ligada ao nosso tema principal. Ela era um tipo de equivalente espiritual do benefício, uma prática contemporânea de substituição do pagamento em dinheiro pelos serviços pessoais exigidos de um vassalo. A concessão de indulgências se baseava no acesso da Igreja ao mérito adquirido pelo homem com a morte de Cristo, e na autoridade (exclusiva) da Igreja de distribuí-lo. Nesse sentido, a prática pode ser associada às reclamações intransigentes à autoridade papal e à exclusividade expressa na bula *Unam Sanctam* de Bonifácio. Ela mostrava um tipo de capitalismo e contratualismo da graça divina. Na verdade, do ponto de vista da Igreja, ela equivalia a um tipo de *produção* de doações, com o mérito do sacrifício de Cristo como capital. Assim com a substituição *E*, ela representa a negação e o cancelamento do sacramento literalizado de Hildebrando, pois, ao mesmo tempo que, no sacramento antecedente, a Igreja assistia à transformação da *accidentia* do pão e do vinho em *substantia* da presença divina, a concessão de indulgências assistia à transformação da *substantia* da graça divina em *accidentia* de doações monetárias ou mundanas. A Igreja foi *economicamente* produzida por meio da graça divina.

A teoria da indulgência foi articulada na *Unigenitus* do papa Clemente IV em 1349,[53] e a noção na qual ela se baseou teve amplas ramificações no imaginário público. Uma delas levou ao culto milenar da heresia do Espírito Livre, "hippies" medievais que viviam como queriam na convicção de que Cristo estocara uma reserva infinita de mérito acessível a qualquer pessoa sem auxílio clerical. Heresias desse tipo eram inevitáveis, uma vez que a Igreja havia definido a si mesma, assim como o fizera na época de Bonifácio VIII, como a distribuidora exclusiva de

---

53 Harnack, *Outlines of the History of Dogma*, p.484.

privilégios divinos na vida após a morte. Como o "vicário de Cristo na Terra", o papa arrogara para si agências divinas, suplantando a presença divina como mediadora entre Deus e o homem. Ordens de indulgência, em si mesmas, não efetuavam a remissão do pecado, representando apenas uma intercessão da Igreja em prol da redução da penitência no Purgatório. Esses autos também não eram, de modo algum, tão importantes quanto a eucaristia, nem para a Igreja nem para os leigos. Mas a posição assumida pela Igreja ao produzir a si mesma economicamente por meio do acesso exclusivo à graça divina – sua transformação de *substantia* em *accidentia* – deslocou a atenção da natureza da presença divina para a do auxílio humano. A época de Bonifácio VIII marca o segundo fechamento, em *E*, do ciclo obviador medieval. Ao negar as doutrinas sacramentais de Lanfranco de Bec e de Guitmundo de Aversa, na era hildebrandiana, com seu "sacramento" inverso produzindo pão e vinhos terrenos a partir da graça divina do sacrifício de Cristo, essa época também aboliu o papado hildebrandiano como força unificadora da cristandade latina. Tendo negociado, primeiro, a mediação sacramental entre Deus e o homem (na época de Berengário e Hildebrando, em *B*) e, em segundo lugar, a natureza e a institucionalização da presença divina (na época de Inocêncio III e do Quarto Conselho de Latrão, em *D*), a obviação do símbolo nuclear medieval coloca agora em questão, tornando-o problemático, o terceiro termo da mediação: o homem.

Precisamente porque esteve tão objetiva e exclusivamente preocupada com o divino na doutrina, no *ethos* e na instituição, a cultura da era pós-bonifaciana se tornou inadvertidamente contingente ao humano. Não é por acaso que as extorsões econômicas de governantes seculares como Eduardo I da Inglaterra e Felipe, o Belo, feitas ao clérigo, tenham levado Bonifácio VIII

Símbolos que representam a si mesmos

à afirmação hiperbólica da autoridade e ao capitalismo eclesiástico. O secularismo, na forma de monarquias nacionalistas e cidades mercantis, havia se tornado uma força poderosa. A expressão mais intelectual da contingência foi um movimento amplo e difundido conhecido como humanismo. Muitas vezes contraposto diretamente ao escolasticismo representante do legado da época de Aberlardo, o humanismo veio à tona em diversas formas, desde as sutilezas implícitas de Chaucer e Boccaccio ao subsequente criticismo autoconsciente de Erasmo de Roterdã. Talvez a mais familiar e, possivelmente, mais idealista dessas formas tenha sido o humanismo clássico do século XV italiano, a Renascença.

Já que minha preocupação aqui é com a articulação e a obviação do símbolo nuclear cultural e não com o fluxo e refluxo da história ocidental, representarei a época medieval do homem por uma figura clerical. John Wycliffe foi um clérigo erudito que viveu boa parte da vida em Oxford e foi afiliado político de João de Gante, duque de Lancaster. Seus escritos mais influentes, produzidos tardiamente, constituem uma poderosa crítica do que ele chamava de "igreja visível", sendo fonte de inspiração para os lollardos na Inglaterra, os reformistas checos e os revolucionários de John Huss. Ele também escreveu sobre a eucaristia, lidando especificamente com os ensinamentos de Berengário, e aqui as críticas de seus oponentes são relevantes. Eles acusavam Wycliffe de não ter uma posição clara sobre a eucaristia, enquanto ele, habilidoso teórico realista que era, havia na verdade situado sua posição fora do âmbito da teologia escolástica.

Como um realista oxfordiano, Wycliffe estava interessado na relação entre *accidentia* e *substantia*, e se perguntava como a *accidentia* do pão e do vinho podia persistir após a transubstanciação de sua *substantia* em corpo de Cristo. Se a *accidentia* podia ter um ser sem uma essência (*substantia*), por que se preocupar com a essência? Em seu livro, *De Eucharistia* (1379), Wycliffe negou a transubstanciação com base no argumento de que a *substantia* do corpo de Cristo permanece no paraíso unido à sua *accidentia*. Portanto, a eficácia da eucaristia reside em seu efeito sob a mente e a alma do fiel: seu objetivo, segundo Wycliffe, é causar a "habitação" de Cristo na alma.[54] Em outras palavras, a "veracidade" ou corporeidade dos elementos sacramentais não importa, sua real importância envolve o efeito sob o fiel, o "homem" na mediação.

Ao negar filosoficamente a separabilidade entre *accidentia* e *substantia*, Wycliffe havia negado, em sua época, a contribuição dos escolásticos da "renascença do século XII" à doutrina sacramental. Em outros escritos, como seu *De potestate papae* (também de 1379), a autoridade papal e a organização da "igreja visível" são atacadas, indicando também a societatização da época do século XII.

A teologia e o criticismo de Wycliffe representam a época do cancelamento final do ciclo medieval no ponto *F* (Figura 18). O tropo da presença divina e da teocracia papal encontra sua resolução no *insight* herético de Wycliffe: o divino, não importa como esteja fisicamente incorporado na eucaristia, permanece resolutamente divino (e no céu); do ponto de vista do homem, o fiel, um signo (como o símbolo de Berengário, por exemplo), é mais do que suficiente. Como realização da presença divina, a "habitação de Cristo na alma" de Wycliffe combina a sutileza de Berengário com a flexibilidade da transubstanciação. Porém, ela ainda é medieval, pois seu "centro de gravidade" permanece

---

54 MacDonald, op. cit., p.409.

Símbolos que representam a si mesmos

em Deus. Durante o século posterior a Wycliffe, descrito por Johan Huizinga como o "declínio da Idade Média", a questão era entre a Igreja, a reforma conciliar da Igreja e o misticismo explícito ou a negação da Igreja.

A divindade – Deus por meio de seu filho como uma presença no sacramento – era a *substantia*, a essência ou a base do ser da era medieval. *Accidentia*, o mundo do sensível, da aparência externa, produzida como "Igreja visível" por meio das indulgências, deduzida pelo neoplatonismo dos escolásticos do século XII e aduzida por Erígena como a manifestação figurativa de Deus, movimenta-se como a implicação retrógrada e resistência motivadora dos tropos que articulam a *substantia*. A negação wycliffiana de sua separação, um dos *insights* mais profundos do período medieval, mediou o fechamento de toda a sequência.

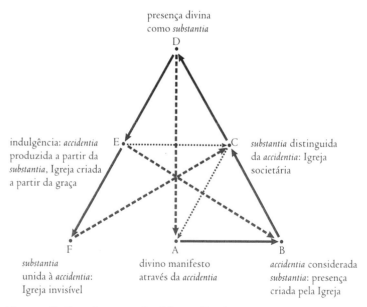

Figura 18: Cancelamento do ciclo medieval.

Roy Wagner

As duas manifestações desse fechamento – ponto G, o não--não da sequência medieval – raramente foram consideradas como duas implicações da mesma época. E, ainda assim, a "era das descobertas científicas" de Copérnico, Galileu, Colombo e Fernão de Magalhães e a deflagração da Reforma Protestante foram dois lados da mesma moeda. A *accidentia* foi descoberta como natureza, não no sentido de Erígena de uma manifestação figurativa de Deus, mas como uma nova base, secular, do ser, na mesma época em que a *substantia*, a presença de Deus, fora definida como uma função da fé humana por Lutero e outros. Assim, a época da Reforma foi o ponto no qual a cultura ocidental, carecendo de um ritual estabilizador, baldou sua reversão figura-fundo.

A Idade Média possuía uma importante noção, ainda que implícita, de *natura*, compartilhada com e reinterpretada a partir de escritores da Antiguidade Clássica. Ela também havia sido, talvez, a civilização conhecida mais sofisticada tecnologicamente até aquele momento. Mas, apesar de todas as sutilizas de suas armas e moinhos de vento, fornalhas e pisões, ela não criou a pluralidade copernicana de mundos nem a mística newtoniana da "ação direta à distância" porque a base de seu ser estava centrada em um tropo palpável, o "agora" da presença divina. Como época, ela estava demasiado centrada na época da salvação para poupar energia e credibilidade para um mundo descentrado de números e de pluralidade espacial. A civilização medieval foi um movimento de reforma contínuo, motivado contra a suposta secularização de sua resistência interna – natureza, sociedade, razão e produção. Apenas depois de Wycliffe ter articulado a união da *substantia* com a *accidentia*, durante o que podemos cha-

Símbolos que representam a si mesmos

mar de era pré-Reforma, foi que os primeiros relógios mecânicos operacionais apareceram na Europa.

O terceiro fechamento do ciclo medieval, o ponto *G*, coincide com o não-não do ponto *A*, e também, uma vez que essa é a época da inversão, com o ponto *A* do ciclo moderno. Em termos sacramentais, o fecho medeia entre a noção do envolvimento do fiel na aquisição da graça (como nas indulgências no ponto *E*) e o ideal de Wycliffe de uma "habitação de Cristo na alma" e seu desprezo pela Igreja visível. Isso foi alcançado de diversas maneiras durante a Reforma pelo que poderíamos chamar de "humanização" da *substantia* ou da presença divina (o paralelo da naturalização da *accidentia* dos cientistas e exploradores), e pela configuração de novas igrejas ou congregações em oposição à Igreja Romana. A doutrina luterana da consubstanciação ecoa o panteísmo de Erígena em sua insistência na onipresença de Cristo ("a mão direita de Cristo está em todo lugar"), mas torna a *substantia* da eucaristia uma união sacramental das duas substâncias – humana e divina – e de Cristo. Portanto, o não-não de Lutero nega o sacramento puramente figurativo (*accidentia*) de Erígena, afirmando uma real presença divina, mas refuta o dogma da transubstanciação incluindo uma *substantia* tanto humana quanto divina na divina presença. A consubstanciação, portanto, inclui o ato da mediação dentro da eucaristia, tornando-a um microcosmo da relação homem-Deus ao invés de um simples elemento na relação. A articulação calvinista do não-não, o recepcionismo, pode ser considerada um retorno ao conceito de Erígena do homem como *copula mundi*, o catalisador do mundo. Para Calvino, como para Wycliffe, o corpo de Cristo permanece no céu, mas pode ser recebido pelos fiéis por meio místico, dependendo da condição (fé) do recipiente.

Roy Wagner

Quaisquer que sejam suas posições com relação à presença real (e pode-se dizer que Lutero e Calvino negociaram de forma contrária o não-não do figurativismo erigiano), ambos os reformadores, assim como as religiões luteranas e reformadas que os seguiram, transformaram a salvação humana em uma função da fé ou da consciência. E isso significava que o ponto de orientação coletiva, Deus, havia se tornado uma revelação relativa ao invés de um mistério absoluto, pois a fé com base na qual o conhecimento de Deus estava condicionado dependia de um ensinamento religioso particular e, portanto, de um corpo e tradição sociais. Porque o homem era responsável perante Deus, a Reforma o tornou responsável por Deus. E se o pacto com Deus se torna, em seguida, uma função do pacto do homem com o homem, o que o impede de revelar sua verdadeira face como contrato social, e o que impede a fé de tornar-se razão? Essa transformação é, em certo sentido, a essência da reversão figura-fundo ocidental.

Essa mudança perspectiva de foco ou responsabilidade comuns – o homem tornando-se responsável pelo convencional ao invés de tentar compeli-lo como "mistério" através do tropo – corresponde a uma mudança formal do englobamento obviante. Como ponto de transição, o não-não passa de englobado interno a uma época externa, englobante, e everte a mediação natureza-sociedade-símbolo (produção) no processo. Assim, no ciclo da modernidade, o da burguesia, a hierarquia e o tropo tornam-se uma resistência "interna" (tornam-se, nas palavras de Dumont, "envergonhadas"), enquanto a "resistência" do ciclo medieval, a racionalidade igualitária, vira o impulso e compulsão cultural ("progresso") mais importante.

148

Da mesma forma, a época que se seguiu à Reforma, a dos puritanos ingleses e a das guerras religiosas, em geral nomeada como "a reforma da Reforma", pertence à mediação "interna" da modernidade. Assim como o ponto *B*, correspondendo à época medieval de Hildebrando e da salvação sacramental, ela representa uma salvação sacramental interna, nos termos da concepção calvinista de predestinação. Ela também alcançou notável expressão no calvinismo augustiniano de Cornelius Jansen (1640) – sua severa doutrina do pecado original e a graça divina compensatória – e na noção absolutista contemporânea do direito divino dos monarcas. A noção puritana do "eleito" que pressagiou a derrocada de Carlos I apenas trocou uma doutrina pela outra.

No que diz respeito à natureza, essa foi a época em que Kepler formulou matematicamente a hierarquia dos movimentos planetários (1609, 1618), e Galileu (1634, em seu *Diálogo sobre duas novas ciências*) formulou os princípios do movimento e da inércia, ambos germinais para a posterior "mecânica divina" newtoniana da ação direta à distância. Mas a base filosófica da transição da fé à razão foi articulada por Descartes em seu *Discurso sobre o método* (1637). Descartes falava sobre dois tipos de *substantia*: a "substância pensante" ou mente e a "substância extensa", a pluralidade material ou espacial da *accidentia* ou natureza. Sua famosa dualidade reformulou a oposição escolástica medieval da essência e do acidente na acepção moderna da mente e seus objetos (naturais) – sociedade (ou cultura) e natureza –, forjando assim as condições do símbolo nuclear moderno.

A época entre o início e a metade dos anos de 1600 é mais conhecida pela violência de suas guerras religiosas do que por suas ambições remarcáveis e extraordinariamente autoconfiantes. Foi a era do lorde protetor de Oliver Cromwell e das Frondas e dos bastiões jansenistas fortificados na França. Considerado em seus próprios termos, esse "período conturbado" antes da ascensão do Rei Sol (que, não obstante, deu ao Rei Sol a inspiração e a lógica para seu absolutismo) é demasiado radical para se encaixar em qualquer relato ordenado sobre a ascensão das instituições ocidentais.

Como sua contraparte medieval, o ponto *C*, a época subsequente foi a da sociedade e do modo de pensamento coletivo, a razão. Mas, enquanto a razão (dialética) dos escolásticos medievais servia à doutrina sacramental, em grande parte, como um catalisador, fornecendo os termos da essência e do acidente, a era moderna do Iluminismo representou uma realização ideológica essencial. Ela extrai sua orientação conceitual básica de Descartes (assim como seu precursor, Isaac Newton, extraiu os seus de Kepler e Galileu) e substitui a razão publicamente sustentada e coletivamente articulada pela fé inata na predestinação e o mecanismo "regular" inato natural pela presença divina.

O Iluminismo, com sua *Encyclopédie* e os déspotas esclarecidos, seus *philosophes*, seu "público" (que serão os "cidadãos" na era seguinte) interessado em publicações e jornalistas orientados para o público representou a descoberta moderna do empreendimento coletivo. Talvez tenham servido como base para essa era a "consciência" de Lutero, transformada em "autoconsciência" e tornada consciente de si como "razão", e a "substância pensante" de Descartes, focada na "substância extensa" da natureza.[55] A sociedade, assim como a razão, era

---

55 A "ciência" é "consciência" sem o "cons". No original, "*Science is 'conscience' without the 'con'*" [trapaça].

Símbolos que representam a si mesmos

vista como um construto artificial, um tipo de representação sacramental ou indução da ordem racional da natureza. Esse ponto foi articulado, de maneira significativa, em *O espírito das leis* (1748), de Montesquieu, e no conclusivo *Do contrato social* (1762), de Rousseau. Assim como a natureza era a pluralidade (estendida) da época divina, também a sociedade (e sua razão) era a pluralidade ordenada do artifício, do entendimento e da governança humana. A cosmologia copernicana havia criado sua contraparte social e cultural.

Da mesma forma que a "fé" e a "consciência" de que a Reforma, depois de Wycliffe, compreendidas como a função humana da vontade divina, se tornaram "predestinação" nos tempos de Cromwell, a sociedade racional do Iluminismo foi subsequentemente internalizada. A razão era uma "função" humana para o Iluminismo, um princípio libertador, assim como fora a consciência para Lutero, mas ainda não havia se tornado predestinação ou destino. Escritores como Voltaire, Diderot ou Franklin, assim como governantes autocráticos – Frederico, o Grande, Maria Teresa e seu filho José II, e Catarina, a Grande –, poderiam ser apóstolos do poder libertador da razão. Porém, na época subsequente, a razão se tornou inevitável, como o "imperativo categórico" de um de seus filósofos, Immanuel Kant, ou como a marcha triunfante do "espírito do mundo histórico" de outro, Hegel. A substituição D, ao suplantar uma "razão" filosófica e civil com um mandato racional internalizado, transformou o próprio Iluminismo em déspota.

Ela tinha seu "eleito", a burguesia, cujos interesses e ideais triunfaram nas revoluções americana e francesa e, por fim, tornou-se o método da monarquia constitucional, e também tinha suas guerras, algumas delas muito semelhantes, em amplitude e devastação, às guerras religiosas anteriores. Para o século XX, a emergência do racionalismo como uma forma política foi uma espécie de alvará dos ideais democráticos; não podemos esquecer, entretanto, que a democracia é a forma plural e "numérica" do governo, assim como o setor financeiro é a da economia e a ciência é a do conhecimento. Também não podemos esquecer que, além de Washington e Robespierre, Napoleão Bonaparte lutou pelo mandato da razão, e tão trágica e inutilmente como o fez Cromwell por *seu* mandato.

A era que entronou a deusa Razão e que considerou, com Thomas Jefferson, a igualdade e os direitos inalienáveis do homem como "autoevidentes" representa, para o ciclo moderno, o tipo de apoteose que a era de Inocêncio II e de Aquino representou para o ciclo medieval. Eram os tempos de Beethoven e Mozart, assim como de Kant e Hegel, e teve em Goethe um grande crítico, que tentou encontrar uma ciência natural centrada no sentido humano e que execrou telescópios e microscópios por tentarem ampliar o insignificante.[56] É possível que a melhor evocação da época em sua relação com a pluralidade copernicana e com mandato moral seja o slogan de Kant, "a lei moral dentro de nós e o céu estrelado acima de nós".

A razão e a política racional eram um *ethos* para o homem, o método da mente (a "substância pensante" de Descartes) modelado com base na ordem e na regularidade da natureza newtoniana (a "natureza extensa" de Descartes). A ordem racional do cosmo, o artefato "do Deus relojoeiro" de Voltaire, era um tipo de equivalente matemático e literal do mundo como sacra-

---

56 Seu grande *Fausto* é, nesse sentido, quase uma sátira.

Símbolos que representam a si mesmos

mento figurativo de Erígena, divina essência apreendida como ordem convencional ao invés de mistério sagrado. E também era o oposto da "fé" e da "consciência" dos reformadores, pois, ao invés de tornar o homem digno de salvação por meio de uma faísca de discernimento divino revelado, a razão tornara Deus viável como precedente da ordem convencional burguesa – um Isaac Newton maior e melhor, contemplando, lá de cima, o homem que contempla Seu trabalho. Os racionalistas de épocas futuras nem sempre estarão dispostos a estender sua salvação ao divino da mesma forma. Mas, por ora, a época em que a consciência se torna cultura racional, Deus existe como o Supremo Artífice ou como a deidade absolutamente mística de Swedenborg, Blake e a *Heiliger Dankgesang* de Beethoven. Nos termos da obviação, essa época, ponto *D*, marca o primeiro cancelamento do logrado tropo moderno (Figura 19). A presença divina havia se tornado completamente artefato, *accidentia* em contraste com a *substantia* do Alto Gótico, e salvação intelectual de Deus ao invés de salvação espiritual do homem. A consubstanciação de Lutero e o recepcionismo de Calvino fizeram valer um *compartilhamento* religioso e sacramental da figura e do fundo em uma era na qual figura e fundo haviam se tornado dúbios e confusos (e Lutero também havia expressado sua oposição ao descentrado modelo copernicano). Mas a época da revolução burguesa transformou Deus, como função da natureza, de uma ubiquidade prática em um espectro espiritual, um pouco como o tema de um quarteto de cordas.

A época medieval da produção ou do símbolo, no ponto *E*, representou uma tentativa desesperada por parte da "monarquia papal" e algo como uma corrente subterrânea na vida medieval. Mas seu equivalente moderno e inverso obviador testemunhou a articulação conclusiva do símbolo nuclear ocidental e a elevação da civilização ocidental (imperialista) à dominação mundial. Apesar de a época moderna ter visto a mais rápida e radical transformação tecnológica de que se tem registro, sua motivação não era tanto tecnológica, mas simbólica. A razão não era mais a consciência luterana tornada autoconsciente, uma filosofia aplicada à existência ética, nem mesmo um mandato político; como cultura, lei, meio de produção, ela engajava a base natural do ser em uma relação completamente dinâmica e transformativa.

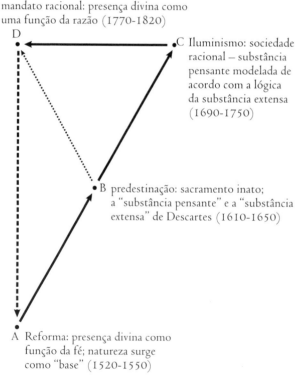

Figura 19: A consciência se torna cultura racional.

Símbolos que representam a si mesmos

A declaração simbólica dessa relação é a simbologia que David Schneider encontrou infundida na família e nas relações de parentesco americanas,[57] organizando e motivando amplamente a cultura americana em todos os seus aspectos, como um símbolo "nuclear" ou "epitomizador".[58] O parentesco "de sangue", uma pessoa educada, um automóvel moderno ou um avião a jato (*e* os processos de seu funcionamento), todos exemplificam, na própria conceitualização dos "nativos", a inter-relação produtiva entre cultura e natureza. Na época de sua invenção, essa dinâmica era atribuída à natureza, na *Origem das espécies* de Darwin (natureza como evolução – o processo produtivo da ordem ao invés de artefato de um Deus "relojoeiro"), e também à cultura, nos escritos de Marx e Engels (cultura como produção de si mesmo do homem). Tanto o capitalismo financeiro da era industrial-imperialista quanto o concomitante movimento trabalhista e o socialismo têm suas raízes na dinâmica simbólica da produção.

Ambos os termos da relação estavam impregnados por essa dinâmica e foram reformulados à sua imagem. Ao final dessa época, os termos básicos da natureza (espaço, tempo e inércia, na teoria da relatividade de Einstein) e os da cultura (linguagem, personalidade e visão de mundo, na relatividade cultural de Franz Boas) passaram a ser vistos como relativos – funções do ponto de vista do observador ou dos próprios objetos. Assim, a distinção cartesiana entre a "substância pensante" e a "substância extensa", no ponto *B*, foi cancelada por uma

---

57 Schneider, *O parentesco americano.*

58 Id., Notes toward a Theory of Culture. In: Basso; Selby (Eds.), *Meaning in Anthropology.*

Roy Wagner

concepção de pensamento e extensão enquanto coprodutos um do outro, da mesma forma que o "sacramento inato" dos calvinistas fora contrabalanceado pelo sacramento produtivo, explícito, da natureza e da cultura.

Da mesma forma que a inevitável (re)integração da pluralidade natural copernico-newtoniana à pluralidade social e cultural burguesa, a produção e sua época (desde aproximadamente 1860 até a primeira década do século XX) marcam a realização do tropo moderno da quantidade e da espacialidade. Produção e quantidade se tornaram fins em si mesmos, fomentando a pluralidade da produção em massa e, por fim, "as massas", a humanidade como pluralismo puro. Nem a natureza racional nem a sociedade eram mais sustentáveis ou viáveis em si mesmas após o tropo de sua combinação dinâmica. Nietzsche, uma testemunha do processo e um de seus astutos críticos, escreveu sobre a "transvaloração de todos os valores", e Marx, que viu em primeira mão a difusa remoção da produção do contexto familiar, falou com invectivas sobre a alienação do trabalhador dos frutos de seu trabalho.

Em um senso mais amplo do que Marx, provavelmente, esperava que ele tivesse, o comentário feito por Marx sobre o moderno "sacramento" da produção evoca a crítica da transubstanciação de Wycliffe: o que o fiel ganha com a eucaristia se ele não estiver incluso em sua transformação? Se nos detivermos um pouco mais em Marx, podemos parafrasear: o que acontece com o *sentido* do ato produtivo – a integração dinâmica da natureza e da cultura – quando é imediatamente transformado em uma simples pluralidade monetária? O próprio produto não suplantaria o sentido de sua produção e, so-

Símbolos que representam a si mesmos

bretudo no caso da produção em massa e mecanizada, ele não substituiria automaticamente quantidade (ou conveniência, ou teleologia) pelo sentido, contabilizando-o fora da existência através do fetichismo e da pluralidade do objeto? Assim como no caso de Wycliffe, tudo se resume ao elemento humano como ponto de contingência, cuja participação (salvação) fora apropriada por um tropo cultural excessivamente eficaz. A época seguinte, a da produção, assim como na era medieval de Wycliffe nos anos 1300, faz da pessoa – o homem e a participação humana na articulação significativa – elemento central de sua preocupação. Essa é a época atual, o ponto F do ciclo moderno, que tomou forma durante as guerras mundiais e que surge na metade final do século XX. Ela pode ser identificada com o existencialismo e a fenomenologia, e com aquela preocupação excessiva com o *eu* que Richard Sennett identificou como narcisismo moderno.

Como um fechamento (interno), ela sintetiza a oposição entre o mandato da razão (D: direitos humanos autoevidentes) e a produção (E: assimilação produtiva da natureza e da razão): a produção é vista como interna e autoevidente, e valorizada em função de seu sentido centrado no humano e extrínseco. Essa é a época do consumo, a produção tecnológica (*química*, inclusive) do indivíduo por meio das propriedades especiais das máquinas, das drogas e, finalmente, do computador. É também a era da síntese das necessidades e sentidos humanos através da mídia – propaganda, entretenimento e "notícias".

O uso reflexivo das técnicas e organizações coletivas para a produção do indivíduo coloca essa época em oposição negativa àquela do Iluminismo (C),

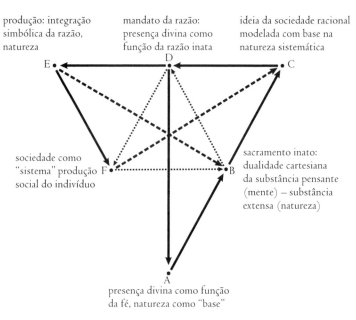

Figura 20: Cancelamento no ciclo moderno.

pois o Iluminismo estava preocupado em produzir uma ordem ou organização coletiva por meio da aplicação da razão humana individual. Assim, o modo de cancelamento aqui (o último do ciclo moderno, Figura 20) é o do um contra muitos, o tropo (que aqui são os meios de propaganda, a fenomenologia e os estudos literários contemporâneos) contra o símbolo representacional. A sociedade, o ideal e objetivo do Iluminismo, é internalizada e considerada como dada da mesma forma que a produção — ela é "o sistema" ou *establishment*. Como uma crítica "interna" do tropo moderno, e como ponto mediador do tropo que deve afrontar seu próprio não-não, nossa época contemporânea realiza o terceiro e último cancelamento do ciclo moderno.

Símbolos que representam a si mesmos

Por mais intrigante que seja especular sobre as características de um não-não moderno em um futuro ponto *G*, isso está para além do escopo deste estudo. Um tropo é eliciado, e não determinado, não sendo portanto previsível. Para reiterar o que é essencial: aqui, estou preocupado com o desenvolvimento temporal do símbolo nuclear ocidental como um processo de expansão trópica e de obviação, e não com o curso da história em si. Um esqueleto doutrinário, como o apresentado aqui, é satisfatório, ainda que boa parte do que é importante e fascinante na história – Shakespeare, a era elisabetana, o período romântico, o surgimento das cidades – seja deixado de fora. Da mesma maneira, ainda que a forma da obviação seja inevitavelmente cíclica, isso não necessariamente implica que a história ou a cultura sejam cíclicas como a retrataram alguns escritores.

Os símbolos nucleares moderno e medieval se desenvolveram em relação recíproca por meio do processo holográfico da reversão figura-fundo. Portanto, o símbolo nuclear medieval da eucaristia foi articulado como um esforço cumulativo de reforma contra as tendências "secularizantes" de um oposto interno. Um exemplo: a literalização do sacramento na reforma hildebrandiana foi afirmada em antecipação ao racionalismo que viria a comprometer Abelardo e que já se manifestava na Escola de Chartres e em seu produto, Berengário. Os esforços de Bernardo de Claraval, dos cartuxos e outras sociedades monásticas livres de influência secularizante, e a separação da *substantia* da *accidentia* na doutrina da transubstanciação, foram efetivados contra a "resistência" de um mundanismo que se tornou a política da Igreja sob Bonifácio VIII, mas que já estava em progresso na época das Cruzadas (quando "indulgências" papais [não monetárias] eram concedidas aos cruzados). Por fim, os ataques de John Wycliffe contra a "igreja visível" e sua transformação milagrosa da substância mundana em divina defendia a visão de uma religião purificada, não apenas contra o politizado sistema papal de seu tempo, mas também contra a implicação retrógrada (já evidente nos movimentos cultuais de sua época) resultante da Reforma, de uma graça imediatamente acessível.

A mediação da natureza, da sociedade (razão) e da produção que a sequência medieval produziu dialeticamente dentro de si inclui o lado convencional ou coletivo da dialética. Não há dúvida de que esse é o lado obviado na articulação do tropo medieval, que é hierárquico e diferenciante. Quando a consubstanciação e o recepcionismo da Reforma substituíram uma "figura" convencional e coletiva (e, por força, um "fundo" individuante), os "lados" da obviação também mudaram. Os pontos "convencionais" *A*, *C* e *E* se tornaram externos e os ápices do tropo medieval, *B*, *D* e *F*, se tornaram internos e obviados. A mudança de perspectiva implicada nessa reversão figura-fundo pode ser vista na Figura 21, em que os pontos convencionais *A*, *C* e *E* podem tanto formar a mediação interna de um triângulo (no primeiro plano, vertical) ou a mediação externa, englobante, de um triângulo (ao fundo, invertido).

O tropo medieval era a expressão de uma reforma e refinamento cumulativos e contínuos da revelação escritural recebida contra a resistência de um coletivismo internamente criado. Em certo sentido, a religiosidade medieval motivou sua própria diferenciação a ponto de Wycliffe, ao negar o papado, a Igreja e a transubstanciação, ter de localizar o instrumento,

Símbolos que representam a si mesmos

assim como o objeto dessa religiosidade, em uma dimensão etérea e puramente contemplativa. Ela não era apenas uma Igreja invisível, mas uma Igreja impossível. O tropo moderno, em contraste, deixou sua reforma para trás durante a Reforma; ele foi motivado por uma compulsão de implicação progressiva (como a compulsão do *habu*), ao invés de uma resistência. Em seus próprios termos, essa compulsão foi expressa de diversas formas como a "autoperfeição do homem por meio da Razão", a marcha do espírito do mundo histórico de Hegel, "progresso" ou simplesmente "cultura". O melhor exemplo analítico é o relato de Weber sobre a ética protestante e sua transformação no espírito do capitalismo. A noção calvinista de predestinação não era medieval, mas sim parte do hierarquismo interno e dialeticamente produzido da sequência moderna. Sua implicação vem à tona mais uma vez na triunfante entronização burguesa da Razão como algo divino na época *D*, e também no pietismo norte-europeu daquele período. O terceiro termo da mediação interna é evidente na individuação (narcisismo) hipertrofiada e no profissionalismo da época contemporânea.

Cada um dos tropos, medieval e moderno, respectivamente, replica o outro como um fato interno e motivador porque, em linhas gerais, cada tropo é formado em contraste ao outro. Essa é a importância da reversão figura-fundo. Considerado em sua totalidade, o sentido desse tropo duplo é involuto: ele gera seu próprio espaço referencial, representa a si mesmo e é sobre si mesmo. As percepções que distinguem uma ou outra face – o mundo singular da presença divina transcendental ou o mundo plural da produção e do espaço copernicano – são dobradas uma sobre a outra na reversão figura-fundo.

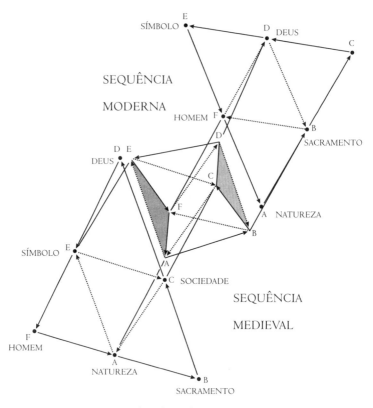

Figura 21: A reversão medieval-moderna.

Essas características autocontidas são parte do modelo e do símbolo nuclear modelado de acordo com sua expansão. Para além disso, elas não são necessariamente imputáveis ao curso da história ocidental nem às instituições e personalidades que participam dele. A própria história é apenas cognoscível por meio da simplificação, e seu "acontecer" interage com uma ampla gama de fatores internos e externos, culturais ou não culturais, humanos ou não humanos. A Igreja romana e o papado, por exemplo, continuaram sendo uma força poderosa na

Símbolos que representam a si mesmos

vida moderna muito tempo depois de seu papel como principal unificador da cristandade latina ter sido obviado (sobretudo no período da Contrarreforma e do absolutismo borbônico e habsburguiano).

Aquilo que o modelo articula é o componente mítico da história, uma "simplificação", do ponto de vista do tempo convencional, de acordo com a qual o tempo se torna "transparente" e a ciclicidade se torna a de uma época resolúvel ao invés de uma repetição espacial e plural. O componente significativo da história é capaz de ser resolvido precisamente porque foi destacado de um genérico "platônico", porque se abstém das questões abstratas e normativas de como o sentido está ligado à ação social, e de questões idealistas sobre o que é a verdade e que tipo de justiça deve prevalecer.

Ser confrontado com seu quadro de referência significativo em um formato que não é familiar – que nos digam, por exemplo, que a tendência ao ceticismo científico racionalista desde Descartes aos tempos modernos é a principal fachada de um comprometimento não questionado à pluralidade e ao número – talvez seja desconcertante. Mas é um tipo mais satisfatório de objetividade do que a aceitação irrefletida de proposições mais importantes de forma que se possa ser clinicamente preciso com relação às menos importantes.

Se a análise do símbolo nuclear daribi por meio da obviação tornou o tempo problemático, e a discussão do tempo pôs em discussão o símbolo nuclear ocidental e sua reversão figura-fundo, então esta última análise nos traz de volta à heurística deste próprio estudo. Qual é a importância da reversão figura-fundo, como a utilizei aqui, em relação ao ponto de referência simbólico e ao sentido incorporado da obviação?

163

7
Conclusão: o tropo de terceira ordem e a condição humana

O foco e ponto central desta discussão é o de que um único fenômeno ou princípio *constitui* a cultura humana e a capacidade cultural. Chamei esse fenômeno de "tropo" por causa de sua manifestação mais conhecida como a percepção do sentido dentro dos pontos de referência cultural. O fenômeno é coerente e generalizado, organizando as condições para a percepção do sentido em toda a amplitude da escala de formas culturais. Mas não importa onde apareça, é o mesmo fenômeno; *ele é holográfico em toda a sua extensão*. A expansão do tropo da metáfora-ponto em enquadramento cultural e as "potências" ou ordens mais elevadas do tropo representam o mesmo princípio, aplicado contínua ou descontinuamente a ordens cada vez mais elevadas de contenção. Logo, o tropo não tem nenhuma estrutura, sistema ou mecanismo; o que surge como complexidade em um diagrama de obviação é apenas o efeito de suas implicações recursivas sobre a convenção cultural. Como percepção holística, o tropo é sempre *época*, o "agora" ou a presença do tempo, como discutido no Capítulo 5, e como tal, será sempre passível de ser analisado ou representado sincronicamente.

Roy Wagner

Pode-se dizer que as *ordens* do tropo constituem ou organizam os parâmetros mais amplos do simbolismo cultural. Elas podem ser mais bem descritas como "potências", no sentido matemático, uma vez que cada uma é formada como *o tropo da* ordem precedente. Portanto, o tropo de segunda ordem ou a reversão figura-fundo encontrada nas discussões sobre os símbolos nucleares daribi e ocidental é o tropo da percepção constituído pelo tropo de primeira ordem. O tropo de terceira ordem, cujas implicações serão exploradas em breve, é formado como o tropo da reversibilidade. (Observe que ele não pode simplesmente equivaler à reversão da reversão, pois ela apenas reaplicaria a segunda potência.) Antes de considerar as implicações mais amplas das potências do tropo, eu gostaria de categorizar sucintamente cada uma delas:

Tropo de primeira ordem; a eliciação do sentido como uma percepção no espaço de valor simbólico, como parte da dialética cultural da referencialidade (microcosmo) e da imagem (macrocosmo).

Tropo de segunda ordem; o tropo da percepção, reversão figura-fundo. O princípio da relatividade e reversibilidade de orientação dentro da dialética cultural, permitindo que os pontos de referência sejam tratados como imagens e vice-versa.

Tropo de terceira ordem; o tropo da reversibilidade, incorporação. Dobra a reversão figura-fundo em torno de si mesma para constituir o microcosmo e macrocosmo corporal, respectivamente, como parâmetros vinculadores da condição humana.

É necessário esclarecer que, apesar de as potências parecerem, à primeira vista, formar uma sucessão hierárquica, sua

Símbolos que representam a si mesmos

ordem é na verdade recursiva, já que o tropo de terceira ordem constitui os parâmetros (microcosmo/macrocosmo) entre os quais o tropo de primeira ordem faz a mediação. Ademais, uma vez que o tropo de terceira ordem realiza isso por meio da configuração do *corpo* como um macrocosmo em relação ao microcosmo "mental" da dialética cultural, a relação *entre* os tropos de primeira e terceira ordem é a mesma daquela dentro da dialética. A relação entre eles é holográfica.

O papel da segunda potência, a reversão figura-fundo, é consistente com isso. Como facilitadora da reversibilidade, ela permite o intercâmbio do ponto de referência simbólico e da imagem na dialética da expansão do tropo, e também serve como o termo médio e facilitador entre o microcosmo incorporado ("mente") e o macrocosmo incorporador ("corpo"). O tropo de segunda ordem é parte da relação holográfica.

A consistência holográfica que existe dentro da época da expansão trópica e entre as potências do tropo manifesta a unidade do fenômeno constitutivo. Mas a *distribuição* das potências ao longo de diversas ordens de abrangência corresponde a outro fato importante da constituição cultural: o de que a amplitude total das questões envolvidas no sentido não pode ser resolvida em um "nível" ou localização, ou dentro de uma dialética. É por isso que questões relacionadas à cultura, à relatividade, ao indivíduo, à sociedade e ao próprio sentido continuam sendo questões persistentes na antropologia.

De modo significativo, essas questões ganham sentido holograficamente e, pela mesma razão que as potências do tropo – porque elas são parte de um fenômeno humano mais amplo, não sendo problemas "independentes". Uma vez que este capítulo diz respeito à expansão do tropo da segunda para a terceira potência, considerarei essas questões de forma tópica, como parte dessa discussão, começando com o problema da "cultura". Primeiro, entretanto, deixe-me esclarecer a necessidade distributiva das "questões". Tudo se resume, mais uma vez, à definição do sentido. O signo, para Saussure, era um ponto de mediação entre o conceito e o percepto, enquanto o sentido, para esse estudo, é eliciado como uma imagem ou percepção entre pontos de referência culturais. Um signo pode ser definido de forma precisa, e a ele podem ser atribuídas funções por meio de uma ciência exata da semiótica; um tropo pode ser eliciado, mas não definido. Ele apenas pode se *aproximar* dos extremos da referencialidade ou autonomia completa como condições fronteiriças. Portanto, para a obviação, o coletivo e o individual são aproximações *relativas* que não podem nunca atingir a precisão do signo ou da função semiótica porque eles nunca podem ser definidos de forma tão fiel. Sua natureza relativa é consequência do tropo de segunda ordem, que permite a dialética por meio da reversibilidade.

Mas, é claro, uma efetuação absoluta da coletividade e da individuação – da referencialidade ou iconicidade – é impossível dentro do microcosmo do sentido, que, como processo mediador, pode apenas *representar* seus parâmetros vinculantes e definidores. A individualidade pode ser constituída apenas em um sentido relativo *dentro* da mente (como "representação", nos termos de Schopenhauer), porque ela é constituída como um sentido absoluto *enquanto* mente. A coletividade pode ser constituída apenas relativamente dentro da mente porque ela é, na verdade, criada entre mentes. A terceira potência do tropo, incorporando o macrocosmo em contraste ao microcosmo é, portanto, um ingrediente crucial do sentido.

Símbolos que representam a si mesmos

A percepção, e consequentemente o sentido, pode acontecer apenas dentro da mente individual. Talvez tenha sido isso que Edward Sapir quis dizer quando afirmou que a cultura pode ser constituída apenas dentro do indivíduo. Mas, para perceber, a mente deve também ser capaz de perceber o *eu* como um corpo. E não apenas porque o corpo é um *fenômeno* da mente, o "outro lado" das conexões neuronais do cérebro, mas também porque a percepção do eu como um *corpo* é necessária para sua orientação ("no espaço") como aquele que percebe. Para perceber *culturalmente*, de acordo com os pontos de referência convencionais, a faculdade perceptiva requer consociação – a tutela da linguagem e da pluralidade de mentes. Assim como o materialismo muitas vezes esquece que temos mente, o estruturalismo e a semiótica, com suas definições absolutas das funções do sentido, podem ser justamente acusados de esquecer que temos corpo.

O que dizer, então, sobre as implicações desse conceito organizador coerente, o tropo, para nosso entendimento da cultura e da condição humana? O argumento segundo o qual os enquadramentos culturais básicos são formados como tropos de larga escala, basicamente como mitos, implica que os sentidos culturais vivem em um fluxo constante de recriação contínua. Também significa que o núcleo da cultura não é um agrupamento aleatório de costumes, ideias, objetos, instituições, palavras ou similares, mas um fluxo coerente de imagens e analogias que não podem ser comunicadas diretamente entre mentes, mas apenas eliciadas, esboçadas, mostradas. Ele é constituído não por signos de referência convencional, nem por perceptos privados das "coisas no mundo" do indivíduo, mas segundo uma dialética reversível que se move *entre* esses limites.

Isso torna possível tanto o fenômeno do tropo coletivamente eliciado quanto a inserção da referência tradicional nos mundos privados da percepção individual.

O senso de "invenção", e a certeza de que seres humanos têm o que Leonardo da Vinci, baseado em Aristóteles, chamou de "faculdades internas do sentido",[59] a percepção *dentro* da mente que equiparei ao sentido, foi quase eliminada pela ênfase exclusiva do empirismo cientificista às faculdades externas do sentido. A neuropsicologia moderna identifica as faculdades "internas" como as sensibilidades "espaciais" do hemisfério cerebral "direito", e os escritores modernos nas áreas da Estética e da Psicologia Gestalt mal puderam deixar de levá-las em consideração. Antes que essas faculdades tivessem sido postas de lado em prol do mundo-signo do racionalismo e do materialismo, a Renascença e os primeiros pensadores modernos tentaram, por diversas vezes, transformá-las na base de uma educação por meio da imagem concreta, diretamente sensível. O esforço para educar a imaginação concreta ao invés da abstrata está na base de nosso conceito de museu, e serviu como base para o Globe Theatre de Shakespeare (e sua ideia de drama e seus efeitos). A noção de faculdades internas foi importante na elaboração das mônadas de Leibniz, e Goethe tentou fazer da "imaginação concreta, exata" a base de uma ciência natural radical, fundada antes no sentido do que na abstração.

Para a antropologia, o problema tem sido articular esse potencial, e o mundo de conceitualizações e operações que ele implica, com o formato das ciências naturais. Isso significa, em

---

59 Summers, *The Judgment of Sense:* Studies in the Language of Renaissance Art.

Símbolos que representam a si mesmos

grande parte, que a invenção e a imaginação concreta tiveram de ser mistificadas ou relegadas ao domínio da "intuição" e colocadas em uma posição defensiva. A explicação mais completa – daquilo que é, na maior parte das vezes, descrito como termos "místicos" – da cultura, nesse sentido, é a de Oswald Spengler, e sua expressão mais conhecida na antropologia americana é o "configuracionalismo" de Ruth Benedict (ainda que outros configuracionalistas, inclusive Bateson, Mead, Kroeber e talvez Boas, fossem propensos a ele). Talvez o status da Antropologia naquele tempo, que lutava para ser reconhecida como "ciência", e talvez a "tradução" dessa ideia por meio dos escritos de Benedict, Kroeber e Sprenger não fossem acertados, mas, de qualquer maneira, nenhum daqueles que tentaram formular suas premissas antropologicamente foi capaz de colocá-la em contraste conceitual direto com o empirismo de uma perspectiva científica baseada em signos. Talvez, mais uma vez, a noção de "faculdades internas" fosse algo excessivamente tangível, tendo de ser "remendada" à ciência da cultura de acordo com as formulações específicas de quem quer que escolhesse fazê-las.

Em todo caso, a tentativa de introduzir os ciclos culturais spenglerianos ou os "padrões" de Benedict como fenômenos científicos sem explicar sua dinâmica interna – o que os torna padronizados ou cíclicos – significa mistificá-los e evitar a faculdade intuitiva. Spengler, em *O declínio do Ocidente*, baseou explicitamente seus esforços na abordagem goethiana das ciências naturais e no que ele chamava de "panorama" de Nietzsche, ainda que, mais uma vez, dada sua posição como intelectual europeu, essa fosse uma invocação de recursos culturais que, apenas tangencialmente, diziam respeito ao científico. Nesse meio-tempo, a questão da dinâmica interna da cultura havia sido abordada e subvertida, por meio da racionalidade e da ênfase nas faculdades *externas* ressaltadas pelo empirismo da etnossemântica e pelo positivismo saussuriano de Lévi-Strauss. O mestre francês não era de forma alguma insensível a Spengler, e sua obra – em especial *O pensamento selvagem* e as *Mitológicas* – teve um efeito extremamente positivo e educativo na reorientação da Antropologia para o estudo do sentido. Mas o estruturalismo, apesar de todo o seu estudo sensível e criativo, por exemplo, sobre o funcionamento do mito, continua resolutamente comprometido com a formulação saussuriana do signo e do sentido, e resulta em uma explicação, antes abstrata do que concreta, da imagética cultural.

O estruturalismo, ao enfatizar os achados intangíveis da categoria abstrata, torna tangenciais o tropo e sua imagética – tangíveis perdidos que emergem apenas nas operações executadas sobre armações e matrizes. A imagem se mistura de forma intercambiável com as expressões icônicas encontradas na tela do artista, no nitrato de prata da emulsão fotográfica ou nas "retinas internas" do cérebro. Praticada e assimilada como parte do processo de aprender cultura, a habilidade de formar imagens dessa maneira é a mesma envolvida na de responder à eliciação de pontos de referência; empregada em escala estendida, ela "lê" sentido na extensão do tropo-"ponto" convencional em enquadramentos culturais mais amplos. O efeito de tal "leitura" é o de cancelar, de forma sequencial e cumulativa, os pontos de referência abstratos, por meio da formação de imagens progressivamente mais inclusivas e englobantes até que o ponto de obviação – o autoenglobamento do próprio

Símbolos que representam a si mesmos

enquadramento – seja alcançado. Assim, a obviação é o oposto do estruturalismo, pois ela torna periféricas as categorias referenciais da convenção em face à sua realização última de uma imagem englobante. A "estrutura" não é definida como determinadora do sentido, mas antes como *subsumida*, assim como os elementos orientadores de uma paisagem, dentro da perspectiva binocular coordenadora que organiza os detalhes de forma significativa.

A "concretude" real das coisas não é uma qualidade que podemos conhecer coletivamente; saber se meu "verde", ou minha imagem individualmente formada da Mona Lisa, ou a experiência da Sinfonia *Eroica* é a mesma que a sua exigiria, de fato, algum tipo de intuição ou talvez telepatia. Nós comunicamos (e aprendemos) apenas por meio da troca de palavras, frases, gestos e formas pictóricas convencionais, trabalhamos para o refinamento efetivo de seu senso coletivo e esperamos pelo melhor. A percepção da imagem é pessoal e relativa à pessoa.

Passamos, portanto, de um pecado, a intuição, do qual foi acusado Spengler e os configuracionalistas, a outro – o da relatividade. Na falta de um genérico – um meio pelo qual a intransigência da imagem cultural possa ser penetrada –, os configuracionalistas a consideraram uma simples questão de qualidade impressionista, exclusivamente autorrelativa e apenas permeável à intuição. (Equiparando o simbólico com seu *conteúdo* particularista, eles o individuaram ao ponto da singularidade; Jung chegou à mesma equação, mas a coletivizou.) Dessa forma, a expressão teórica por excelência da relatividade cultural foi concebida em termos extremos. Entretanto, se oferecermos um genérico abordando a simbologia nuclear de uma cultura por meio da expansão do tropo, essa declaração de relatividade extrema será, em certo sentido, mitigada. Os sistemas de coordenada convencionais e suas diferenças são apenas um fenômeno de superfície.

Pode-se dizer que a relatividade *cultural*, a intransigência autoevidente dos "sistemas de coordenadas" independentes, só é significante se implicar e tratar de relatividade *dentro* de tal sistema. A relatividade, a autoconsciência do sentido, é suficientemente perigosa para ser importante apenas quando coloca em perigo os sentidos de alguém e as relações nas quais eles se baseiam. O verdadeiro perigo representado pelo exótico não é o autoestranhamento, mas a possibilidade do autoconhecimento relativizador que tal estranhamento acarreta.

A relatividade ocorre quando o fluxo de analogias é comprometido pela própria condição de reversibilidade que o torna possível – quando a expansão do tropo de primeira ordem atinge seu limite no tropo de segunda ordem. Essa é a relatividade *interna*, e seu lugar definitivo é o indivíduo que percebe, em ressonância com a imagética coletiva de uma cultura em geral. Em tempos de incerteza e valores ambivalentes, a disseminação pública de suas consequências evoca o perigo extremamente real de uma crise existencial.

Nesse sentido, *Hamlet* de Shakespeare, escrito menos de um século depois dos eventos cataclísmicos da Reforma, foi basicamente a "peça problema" de seu tempo. O príncipe Hamlet estudava na Wittenber de Lutero e desloca-se em um mundo ético centrado na consciência, onde não há nem bem nem mal, "mas pensar o torna assim". Se essa "falha trágica" fosse uma mera incapacidade de agir de forma decisiva, a peça seria uma patologia

Símbolos que representam a si mesmos

social e não uma tragédia. Ela *é* uma tragédia porque dramatiza a luta para se chegar a uma conclusão quando se parte de uma base extremamente relativizada. Não é que o príncipe não fosse capaz de agir, mas é que ele sabia, e via, demais.

Seria a "loucura" – a insanidade dissimulada de Shakespeare, a *anomie* de Lear no urzal – o motivo shakespeariano para a performance da arbitrariedade descoberta no cerne mesmo das coisas? Não seriam os "loucos", em todas as peças, com suas tiradas de lógica escolástica desarticulada, o contraponto de um choque cultural interno profundo? E se assim o for, não seria a antropologia, com sua conhecida inclinação pelo bongo-bongo, o contraponto de uma relatividade interna moderna? Nós *desviamos* uma relatividade de valores interna para as fronteiras e interconexões conspícuas de sistemas de valor *culturais* porque (e aqui a tese de Fabian[60] tem um papel importante) "o tempo está fora dos eixos". Escolher outros tempos e lugares para seu enredo talvez tenha todo um sentido político para Shakespeare, mas se Sennett[61] estiver correto em relação ao fracasso do simbolismo social ocidental, o antropólogo *necessita* de formas simbólicas concretas e indisputáveis[62] para objetificar a teoria e a prática das questões que nossa própria crise de valores tornou excessivamente ambígua.

---

60 Fabian, *Time and the Other:* How Anthropology Makes Its Object.

61 Sennett, *O declínio do homem público.*

62 O "distanciamento" entre "o campo", tanto em termos de espaço quanto de método, fornece um dos argumentos mais fortes para essa indisputabilidade. Dada que sua *experiência* constitui os dados reais, o antropólogo possui o privilégio de selecionar como "explicação" a partir de uma gama indefinida de "glosas" igualmente válidas para sua imagética.

Ao constituir a dialética cultural como um microcosmo representacional, a reversibilidade do tropo de segunda ordem, em última análise, tornou relativos todos os seus sentidos. Apenas o próprio microcosmo, a totalidade daquele que percebe (e o holismo da *época*, o ato de perceber), pode ser considerado completo. Mas o microcosmo, de maneira paradoxal, pode apenas *perceber* a si mesmo como um indivíduo pelo reconhecimento de outros microcosmos, de uma coletividade. Ele entra, assim, em outra dialética, a macrocósmica, ou a dialética incorporada do indivíduo e da sociedade englobando a expansão da reversibilidade ao seu limite no tropo de terceira ordem. Apesar da unidade do tropo como fenômeno se dar como época ("sincronicamente"), eu farei uso de evidência relacionada à evolução e ao cérebro para explicar essa expansão.

Um campo reversível me permite tratar a dialética cultural como tendo sido "evertida" no momento que antecede a incorporação. É óbvio que provavelmente faça mais sentido, de um ponto de vista evolutivo, falar da dialética como uma "inversão" de sua contraparte macrocósmica. De qualquer maneira, "dentro" e "fora" marcam a "direção" ou dimensão da expansão macrocósmica da dialética, e não seria difícil imaginar uma pressão seletiva sendo aplicada ao mesmo tempo ao cérebro e à sociedade. Começarei fazendo uma pergunta bastante direta: por que o cérebro humano, em especial o neocórtex, é relativamente tão grande?

Como a maior parte das questões simples, essa também tem sua resposta pronta. E, como a maior parte das respostas prontas, ela não responde à pergunta. A resposta é que o cérebro é grande porque ele se especializou em permitir que os

Símbolos que representam a si mesmos

seres humanos codifiquem e lidem com grandes quantidades de complexidade. As capacidades do cérebro, a esse respeito, são, de fato, prodigiosas, mas a resposta evita a pergunta porque a complexidade "no mundo" é uma função do próprio cérebro humano e complexidade é, em sua maior parte, o que *nós* definimos e projetamos sobre as coisas. Um veado habita o mesmo mundo, mas o mundo do veado é claramente menos complexo que o nosso, sobretudo – uma vez que não possui matemática nem *O conto do velho marinheiro* – nos termos de *nossa* complexidade.

Substituir o "nicho ecológico" pelo "mundo" nessa conexão também não ajuda, porque, no final das contas, um nicho é definido e tornado possível pelas habilidades do ser que o explora. A exploração, até certo ponto, capacita em parte o nicho do veado, e projetar "complexidade" sobre o mundo capacita o nosso. Uma explicação baseada na evolução até a complexidade de nosso nicho evita mais uma vez a questão, ao sugerir que o cérebro é grande porque é grande.

No desenvolvimento da "lateralidade" do cérebro – a especialização das funções neocorticais que parecem ser únicas aos seres humanos –, a codificação e a articulação da complexidade tendem a estar associadas a uma[63] especialidade hemisférica. A outra especialidade, a percepção ciclope do sentido como holística e holográfica, está associada a outra (normativamente, o hemisfério "direito"). Cada especialidade serve como ponto de partida da outra; a percepção holística sem pontos de referên-

---

63 Por "lateralidade" eu me refiro, de modo fundamental, à separação das funções, ao invés de sua identificação com um "lado" ou outro.

cia é tão inútil e anômica quanto a codificação e a referência de um mundo sem sentido. Há evidência de que a especialização e a localização dessas operações se desenvolvem no cérebro após o nascimento, sobretudo depois que a criança aprende a falar e de que é apenas após esse momento que o corpo caloso, que coordena as duas, começa a funcionar.[64]

O neocórtex, onde essas operações humanas por excelência passam a existir, obviamente é apenas parte do cérebro como um todo. Ele está inserido no contexto do paleocórtex, ou mesencéfalo, associado às funções homeostáticas (trofotrópicas),[65] e ao tronco cerebral, que é identificado com a regulação do comportamento e do movimento, no modelo de MacLean do cérebro trino.[66] Cada uma dessas divisões encontra-se, necessariamente, em uma relação de interdependência com as outras. Mas o neocórtex merece atenção especial, pois com a lateralização ele incorpora duas operações interdependentes, mas dialeticamente opostas, dentro da mesma divisão estrutural básica do cérebro. Isso pode ser atestado pelo fato de que a lateralização raramente, ou nunca, é total – e de que cada lado do cérebro pode replicar, até certo ponto, as especializações do outro.[67]

---

64 Gardner, *The Shattered Mind*, p.386.

65 Turner, Body, Brain, and Culture, *Zygon* 18, n.3 (Set. 1983): p.221-5.

66 MacLean, A Triune Concept of the Brain and Behavior. In: *The Hinks Memorial Lectures*.

67 A lateralização "normativa" pode ser invertida ou se difundir por meio de um baixo nível de especialização, ambas condições identificáveis com a sinistralidade. Parece provável que a replicabilidade mútua dos hemisférios seja um fator possibilitador da cultura humana.

Símbolos que representam a si mesmos

Dado que o neocórtex compartilha da simetria bilateral geral da conformação mamífera, isso parece indicar que a simetria foi reestruturada no homem de forma a unir funções complementares em uma unidade singular e coordenada. Uma analogia poderia ser feita com o pareamento de músculos opostos nas patas de animais mais altos, de forma que a linguagem e a percepção interna constituam, por assim dizer, uma alavanca da mente.

Pois bem, então por que esse órgão *compreensível* (que compreende e é preênsil) é tão grande? O argumento que eu gostaria de propor é o de que o desenvolvimento extremo do neocórtex transformou o cérebro de um grande órgão regulatório em um *órgão da percepção*. Seu tamanho considerável pode ser compreendido em analogia aos órgãos sensoriais de outras criaturas que vivem de sua acuidade perceptiva: os olhos das aves de rapina, as orelhas do veado, o nariz do lobo.

Contudo, ao menos que o entendamos a partir de uma condição muito especial, esse argumento tende, apesar da unidade do cérebro, a favorecer o hemisfério "direito". A condição é a da *incorporação*, e o requisito que ela impõe ao meu argumento é o de que a percepção deve estar relacionada a uma condição de vida total se nela quisermos basear a adaptação humana. A mente deve produzir e eliciar, assim como receber, percepções; as percepções devem adereçar e coordenar um mundo que é comum para todos aqueles que o percebem; as coordenadas devem ser, em sua maior parte, as mesmas tanto para as percepções internas quanto para as externas.

A incorporação do pensamento como linguagem, primordialmente por meio do som, mas que também envolve a imagem visual e o gesto corporal, satisfaz todos esses requisitos. A linguagem permite que o sentido seja projetado e ressonado fora do microcosmo mental, por meios sensoriais. Além disso, ela fixa um padrão referencial único para projeções internamente executadas e projetadas. Assim, a faculdade perceptiva, o cérebro "direito", não apenas possui um inventário interno ampliado dentro do qual é possível expandir suas sínteses holísticas, mas também um mundo externo, uma coletividade, uma sociedade de projetores de sentido.

Mas o neocórtex não é, em todo caso, uma entidade autocontida. Ele é parte de um cérebro muito mais complicado e está inteiramente relacionado por meio de todas as formas de equilíbrio das funções superordinárias e subordinadas de suas partes. Contextualizado dessa maneira, na interação entre sistemas trofotrópicos e egotróficos, o equilíbrio neocortical – a expansão dos hemisférios em ajustamento mútuo – torna-se um processo controlado e relativo, ao invés de um processo desenfreado. Além disso, o cérebro está contextualizado dentro do corpo, e ele mesmo passa a ser contingente e relativo.

Da mesma forma, é claro, nenhum organismo é uma entidade autocontida, e o argumento contextual serve para ambos os lados. Em razão de seu próprio ser, conhecer e processos vitais, o organismo está contido na sociedade e na cultura e elas, por sua vez, são organizadas, orquestradas e ativadas por meio da linguagem e em sua conexão intrínseca com o sentido. Portanto, o corpo, que serve de base para o cérebro e suas tensões, está ancorado neles: o pensamento incorporado como linguagem é a reversão figura-fundo do cérebro, o meio através do qual o microcosmo escapa de si mesmo para sintetizar o sentido coletivo.

Símbolos que representam a si mesmos

A lateralidade é tanto cultura "interna" quanto a cultura é lateralidade "externa". O núcleo do fenômeno não é nenhum desses dois, e também não é "determinado" desde o exterior nem "conectado" por dentro: é a reversão figura-fundo que é ambos ao mesmo tempo e constitui o nicho adaptativo humano simultaneamente dentro dos seres humanos e fora deles.

O cérebro não é, por certo, a "mente". Ele é, ao invés disso, a forma que o corpo dá ao microcosmo da mente: o microcosmo incorporado em meio ao macrocosmo mais amplo. O que dizer, então, da incorporação do corpo, o macrocosmo, na medida em que este se expande no "um e no múltiplo"? A contraparte da síntese cerebral da imagem cultural coletiva por meio da linguagem é a síntese reprodutiva de um corpo em outro corpo. Assim como o cérebro contém o microcosmo da mente no macrocosmo do corpo, o ventre — sobretudo o útero — contém o macrocosmo do corpo, como feto, no microcosmo reprodutivo.

Isso também é alcançado por meio da reversão figura-fundo. Aqui, entretanto, ao invés de uma bilateralidade contida e interna que desliza para fora para conter a si mesma, a reversão envolve dois *tipos de corpos* externos, masculino e feminino, a fuga *para dentro* para conter *outro*.[68] Em termos físicos, e mais obviamente morfológicos, os órgãos genitais do macho e da fêmea são as versões evolvente e evoluta uma da outra, uma inversão que se torna o meio, durante o coito, de uma incor-

---

68 Compreendidos como partes coordenadas do coito, ao invés de indivíduos, o macho e a fêmea contêm a transmissão do sêmen em seus lombos e no movimento destes.

poração singular dos sexos. A concepção e o nascimento também compartilham dessa inversão de direção e podem, ambos, estar acompanhados (aquele, na melhor das hipóteses; neste, sempre) de espasmos uterinos.

Mas os atos reprodutivos, até em sua "incorporação" de gênero das versões sexuais correlatas da imagem humana, não podem ser tratados separadamente de suas circunstâncias sociais e culturais. Logo, a reprodução realiza a incorporação ou a configuração da forma humana, tendo como "base" a relação cultural e social. Ela constitui o indivíduo fisicamente a partir do genérico, da mesma forma que o neocórtex constitui, por meio da linguagem, o genérico da imagem coletiva a partir do indivíduo.

A linguagem possui sua contraparte, como um tipo de tensão produtiva que infunde a condição humana, no tônus da atração sexual contínua ("receptividade") que é igualmente distintiva dessa condição. Essa é a sexualidade social que forma a base para a incorporação reprodutiva da progênie. Curiosamente, suas características também são configuradas dentro do corpo humano, nos chamados tratos epigâmicos, ou características sexuais secundárias, na forma feminina esbelta, quadris largos, nádegas e seios protuberantes, e na estatura masculina, pelos faciais, ombros largos, têmporas grisalhas e voz grave, entre outras. Especulações recentes ligaram essa condição à posição ereta e ao papel de provedor.[69]

---

69 Um argumento conciso, mas convincente, foi feito por Lovejoy em seu ensaio The Natural Detective, *Natural History* 93, n.10 (out. 1984), p.24-8.

Símbolos que representam a si mesmos

O pensamento incorporado da linguagem e a sexualidade da incorporação macrocósmica, as reversões figura-fundo, respectivamente, do cérebro e do corpo, são os meios extensionais através dos quais transcendemos nossas limitações mortais e corporais. Apenas a incorporação pode superar o solipsismo de uma faculdade perceptiva completamente privada, para que o pensamento seja separado de si mesmo e se torne autoconsciente por meio da velocidade, e para que o corpo seja separado ao engendrar outro corpo por meio de outro corpo, e pelas elaboradas "preliminares" da sexualidade social. Dessa forma, um "campo" sociocultural do "um e do múltiplo" passa a existir, um campo que é simultaneamente consciência perceptiva do eu e do outro.

Contudo, a dimensão das possibilidades dialéticas – dentro e fora – não é suficiente para a constituição de um indivíduo ou de uma espécie. O pensamento, a possibilidade, requer o ato. O microcosmo se fixa por meio da arbitragem de "pontos de referência" fixos da linguagem convencional e da cultura. Qual é, então, sua referência *incorporada* correlata, o ato ou feito por meio do qual a condição humana se estabelece no mundo? Se o microcosmo é fixado por um coletivo invisível, o macrocosmo é formado por um fato de individuação concreto.

Esse "fato", a conclusão do tropo de terceira ordem, também é a quarta necessária reversão figura-fundo, que completa a dobra da dialética cultural "sobre si mesma". Ele equivale à reversão da cabeça e do ventre, o momento da vida de todo[70]

---

70 À exceção, é claro, do parto cesariano, mas como exceção ontogênica, ele prova, como veremos, a regra filogenética.

indivíduo em que a cabeça humana passa pelo ventre: o parto ou nascimento. (A constatação de que a cabeça pertence a um indivíduo e o ventre pertence a outro não é nem desqualificativo nem trivial, uma vez que é assim que a "cabeça" se torna figura para o "fundo" do ventre, e que um indivíduo emerge do outro.)

O parto constitui o indivíduo, nos termos mais definitivos e concretos. Mas, no sentido mais geral do tropo como um círculo de possibilidades acausais e como época, um genérico, ele também constitui a espécie. Pois a reversão figura-fundo da cabeça e do lombo fixa a expansão no macrocosmo, cuja consequência, ao menos uma delas, é o aumento do tamanho do cérebro, enquanto a outra, a sexualidade social, foi correlacionada com a posição vertical. Por algum tempo, conjeturou-se e argumentou-se convincentemente que o tamanho cada vez maior do cérebro e do crânio resultaria em partos cada vez mais difíceis, e que as pernas paralelas da posição ereta, com o canal de parto situado entre elas, limitam as possibilidades de um alargamento acomodatício da abertura pélvica. Logo, segundo esse argumento, a seleção favorece o nascimento prematuro de uma criança — *em estado de fetalização* — menos desenvolvida, uma condição correlativa e resultante da *neotenia*.[71] A neotenia foi muitas vezes identificada como o ponto de diferenciação central entre a humanidade e seus parentes primatas mais próximos.

---

71 Gould, *Ever Since Darwin:* Reflections in Natural History, cap.7. No capítulo seguinte, Gould apresenta a discussão do tipo de argumento citado aqui.

Símbolos que representam a si mesmos

O que se pode dizer da neotenia como tropo da condição humana? Ela é, com efeito, uma retardação organísmica comparativa, uma desaceleração ou controle do tempo mortal, em que o reverso do parto tem o papel de um mecanismo de escape. É claro, as "causas" imediatas dessa condição – tamanho da cabeça relativamente grande e a pequena dimensão pélvica – são, tanto quanto as características fetais, uma consequência dela. Mas isso não é tudo, pois cada uma das "causas" está integralmente ligada ao sentido como percepção e à sua expansão em macrocosmo. A neotenia replica a si mesma como parte de um fenômeno total (Figura 22).

Cada componente do tropo de terceira ordem é ele mesmo uma época da reversão figura-fundo, e cada um replica o efeito do fenômeno total. A dialética cultural medeia e captura a formação de imagens mentais por meio dos pontos de referência coletivos; eles se transformam nas percepções da época no espaço valorativo convencional. A linguagem, a reversão figura-fundo do pensamento, torna necessário que os pontos de referência, e a percepção neles, sejam aprendidos *no mundo* – daí o nascimento prematuro e o desenvolvimento da lateralidade do cérebro *após* o nascimento. A sexualidade, a reversão figura-fundo da imagem e do corpo, "captura" o corpo adulto tanto física quanto comportamentalmente no momento da reprodução.[72] A neotenia que resulta do fechamento ativo do tropo na reversão cabeça-ventre é, assim, a concretização de um efeito sistêmico total.

---

72 A testosterona parece estar integralmente envolvida *tanto* com a lateralidade do cérebro quanto com o desenvolvimento de características epigâmicas.

Figura 22: Encarnação, o terceiro poder do tropo.

O tropo do sentido engloba o sentido do tropo: não é a natureza nem a cultura, nem Deus nem o homem, nem qualquer uma das outras centenas de símbolos aquilo que constitui o verdadeiro núcleo da cultura humana. É, antes, a sua forma contida e contentora que o faz; o núcleo de toda cultura é a ideia, ou época, ímpar da humanidade.

Referências

BARCLAY, William. *The Lord's Supper*. Londres: SCM Press, 1967.

BARDON, Geoff. *Aboriginal Art of the Western Desert*. Adelaide: Rigby, 1979.

BERGSON, Henri. *Time and Free Will:* An Essay on the Immediate Data of Conciousness. Trad. F. L. Pogson. Londres: George Aleen & Co, 1912.

EGLOFF, Brian J.; KAIKU, Resonga. *An Archeological and Ethnographic Survey of the Purari River (Wabo) Dam Site and Reservoir*. Port Moresby: Office of Environment and Conservation and Department of Minerals and Energy, Papua New Guinea, 1978.

EVANS-PRITCHARDS, E. E. *The Nuer*. Oxford: Oxford University Press, 1940. [Ed. bras.: *Os Nuer:* uma descrição do modo de subsistência e das instituições políticas de um povo nilota. São Paulo: Perspectiva, 2007.]

FABIAN, Johannes. *Time and the Other:* How Anthropology Makes Its Object. Nova York: Columbia University Press, 1983.

FEELEY-HARNIK, Gillian. *The Lord's Table:* Eucharist and Passover in Early Christianity. Philadelphia: University of Pennsylvania Press, 1981.

FREUD, Sigmund. *The Interpretation of Dreams*. Londres: The Hogarth Press, 1953. [Ed. bras.: *A interpretação dos sonhos*. São Paulo: Imago, 1999.]

GARDNER, Howard. *The Shattered Mind*. Nova York: Vintage Press, 1975.

GEERTZ, Clifford. *The Interpretation of Cultures*. Nova York: Basic Books, 1973. [Ed. bras.: *A interpretação das culturas*. São Paulo: LTC, 1989.]

GIMPEL, Jean. *The Medieval Machine:* The Industrial Revolution of the Middle Ages. Nova York: Holt, Rinehart and Winston, 1976.

GOULD, Stephen Jay. *Ever Since Darwin:* Reflections in Natural History. Nova York: W. W. Norton, 1977.

HARNACK, Adolph. *Outlines of the History of Dogma*. Trad. E. K. Mitchell. Boston: Beacon Press, 1957.

JULESZ, Bela. *Foundations of Cyclopean Perception*. Chicago: University of Chicago Press, 1971.

KRIPKE, Saul A. *Naming and Necessity*. Cambridge, Mass.: Harvard University Press, 1980. [Ed. port.: *O nomear e a necessidade*. Lisboa: Gradiva, 2012.]

LOVEJOY, C. Owen. The Natural Detective. *Natural History* 93, n.10 (out. 1984), p.24-8.

MACDONALD, A. J. *Berengar and the Reform of Sacramental Doctrine*. Londres: Longmans, Green, and Co., 1930.

MACLEAN, Paul D. A Triune Concept of the Brain and Behavior. In: _____. *The Hinks Memorial Lectures*, editado por T. Boag and D. Campbell. Toronto: University of Toronto Press, 1973.

MAUSS, Marcel. *The Gift*. Trad. Ian Cunnison. Glencoe, Ill.: The Free Press, 1954. [Ed. bras.: *Ensaio sobre a dádiva*. São Paulo: Cosac Naify, 2013.]

MUMFORD, Lewis. *Technics and Civilization*. Nova York: Harcourt Brace, 1959.

MUNN, Nancy. *Walbiri Iconography:* Graphic Representation and Cultural Symbolism in a Central Australian Society. Ithaca: Cornell University Press, 1973.

ONG, Walter, J. *Ramus:* Method and the Decay of Dialogue. Cambridge, Mass.: Harvard University Press, 1958.

Símbolos que representam a si mesmos

RICOEUR, Paul. *Time and Narrative*. Trad. K. McLaughlin and D. Pellbauer. Chicago: University of Chicago Press, 1984. [Ed. bras.: *Tempo e narrativa*. São Paulo: WMF Martins Fontes, 2010.]

SAHLINS, Marshall. *Stone Age Economics*. Chicago: Aldine Press, 1972.

SCHNEIDER, David M. Notes toward a Theory of Culture. In: BASSO, K.; SELBY, H. (Eds.). *Meaning in Anthropology*. Albuquerque: University of New Mexico Press, 1976.

_____. *American Kinship:* A Cultural Account. Chicago, 1980: University of Chicago Press. [Ed. bras.: *O parentesco americano:* uma exposição cultural. Petrópolis: Vozes, 2016.]

_____. *A Critique of the Study of Kinship*. Ann Arbor: University of Michigan Press, 1984.

SENNETT, Richard. *The Fall of Public Man*. Nova York: Alfred A. Knopf, 1977. [Ed. bras.: *O declínio do homem público*. Rio de Janeiro: Record, 2014.]

SPENCER, Baldwin; GILLEN, F. J. *The Native Tribes of Central Australia*. Nova York: Dover Publications, 1968.

SPERBER, Dan. *Rethinking Symbolism*. Trad. A. L. Morton. Cambridge: Cambridge University Press, 1975.

SUMMERS, David. *The Judgement of Sense:* Studies in the Language of Renaissance Art. Cambridge: Cambridge University Press, 1986.

TURNER, Victor W. Body, Brain, and Culture. *Zygon* 18, n.3 (set. 1983), p.221-45.

VAIHINGER, Hans. *The Philosophy of As If:* A System of the Theoretical, Practical, and Religious Fictions of Mankind. Trad. G. K. Ogden. Londres: Routledge and Kegan Paul, 1968. [Ed. bras.: *A filosofia do como se:* sistema das ficções teóricas, práticas e religiosas da humanidade. São Paulo: Argos, 2011.]

WAGNER, Roy. *The Curse of Souw:* Principles of Daribi Clan Definition and Alliance. Chicago: University of Chicago Press, 1967.

_____. Mathematical Prediction of Polygyny Rates among the Daribi of Karimui Patrol Post, Territory of Papua and New Guinea. *Oceania* 42, n.3 (mar. 1972), p.205-22.

WAGNER, Roy. *Habu:* The Innovation of Meaning in Daribi Religion. Chicago: University of Chicago Press, 1972.

_____. Analogic Kinship: A Daribi Example. *American Ethnologist* 4, n.4 (1977), p.623-42.

_____. *Lethal Speech:* Daribi Myth as Symbolic Obviation. Ithaca: Cornell University Press, 1978.

_____. *The Invention of Culture.* Chicago: University of Chicago Press, 1981. [Ed. bras.: *A invenção da cultura.* São Paulo: Cosac Naify, 2010.]

ZUCKERKANDL, Victor. *Sound and Symbol:* Music and the External World. Trad. W. R. Trask. Bollingen Series XLIV. Princeton: Princeton University Press, 1969.

Índice remissivo

A

Abelardo, P., 136, 159
Accidentia, 138-9, 141-5, 146-7, 149, 153, 159
Agostinho, Santo, 133
Alma, 49-102
"alma-menina" (*wegi noma'*), 49, 59
"alma-menino" (*ogwanoma'*), 50-1, 58-9, 92, 97-8, 102
Ambrósio, Santo, 133
Anselmo, Santo, 140
Aquino, T. de, 137, 152
Aristóteles, 170
Arte, e sentido, 36-9
Arunta, 27, 30
Autorreferência, IX, 6-7, 12, 21, 109-10
temporal, 108

B

Bach, J. S., 15
Bateson, G., 171

Beethoven, L. van, 15, 152-3
Benedict, R., 16, 171
Berengário de Tours, 4, 127-135, 137, 142-4, 159
Bergson, H., 115-6, 118
Bernardo de Claraval, 136, 159
Blake, G., 153
Boas, F., 155, 171
Boccaccio, G., 143
Bonifácio VIII, papa, 140-2, 159

C

Cabeça e ventre, inversão, 183-4
Caetano, B., *ver* Bonifácio VIII
Calvino, J., 147-8, 153
Carlos I da Inglaterra, 149
Carlos Magno, 135, 138
Catarina, a Grande, 151
Chaucer, G., 143
Clemente IV, papa, 141
Codificação, 19, 26, 30-1, 177
Colombo, C., 146

Compulsão, 102-3, 148, 161
Concha, 48, 51, 64, 66, 86
  como fluxo transversal, 74-81
  como metáfora nuclear, 68-81
Contingência, masculina, 52, 54,
  57-8, 91-8, 102
Convenção, cultural, X-XIII, 10-2,
  34, 112-3, 125, 165, 170
Copérnico, N., 146
Cromwell, O., 150-2
Cubismo, 38

D
Da Vinci, L., 170
Daribi, XIII, 10, 20, 47-105, 113,
  127
  ideia de concepção, 54-5
Darwin, C., 155
De Dondi, 122
Descartes, R., 149-50, 152, 154,
  163
Dialética, XIII, 17, 34-5, 37, 41-3,
  52-3, 65, 68-75, 90-6, 124,
  127, 132, 150, 160, 166-9,
  176-8, 183
Diderot, 151
Dumont, L., 148

E
Eddington, A., 120
Eduardo I de Inglaterra, 142
Egloff, B., 80
Einstein, A., 5-7, 155
Engels, F., 155

Enquadramentos culturais, XII,
  11-2, 15-6, 25, 78, 169, 172
Epigâmicas, características, 185
Época, 113-26, 146-54, 163,
  165-6, 176, 184-6
  constitutiva, 132
  definida, 113
  tropo como, 165
Erasmo de Roterdã, 143
Erígena, João Escoto, 133-4, 138-
  9, 145-7, 152
Estrutura, 19-20, 68, 172
  do tempo, 109
  profunda, 18
Estruturalismo, 4, 6, 11, 13, 169,
  172-3
Etnometodologia, 13
Evans-Pritchard, E. E., 109

F
Fabian, J., 109, 121, 175
Feeley-Harnik, G., 128
Felipe, o Belo, 140, 142
Figura-fundo, reversibilidade, 34,
  43-4, 77, 89-91, 104, 130-2,
  146, 148, 159-61, 166-7, 180-1
  como elemento na incorpora-
    ção, 181-186
  como inversão, 96
  na sexualidade humana, 181
  parto como, 183-186
Fluxo analógico horizontal (externo), 23, 45-71, 72-3, 81-90,
  108, 119, 174
  modelagem dos fluxos, 49-53

Símbolos que representam a si mesmos

vertical (interno), 51, 54-5, 57, 69
Franklin, B., 151
Frederico, o Grande, 151
Frege, G., 21
Freud, S., 39

G
Galileu, 146, 149-50
Gante, João de, 143
Gardner, H., 178
Geertz, C., 109
Gestalt, psicologia, 170
Gimpel, J., 123n
Goethe, J. W., 9, 39, 152, 170
Gould, S. J., 184n
Gregório VIII, papa, _ver_ Hildebrando
Grünewald, M., 34
Guitmundo de Aversa, 142

H
Habu, ritual, 161
Hamlet, 174
Hegel, G. W. F., 121-2, 161
Hildebrando, 136, 141, 149
História, 105
    ciclicidade da, 137
    componente mítico, 163
Holografia, XII, 41, 69, 72, 159, 178
    da constituição cultural humana, 165-6
Huizinga, 145
Huss, John, 144
Husserl, E., 4

I
Iconoclastia, 36-7
Imagem, XII, 10, 32-6, 113-4, 166-73, 177
    sexual, 181-2
Implicação, retroativa, 70, 72, 82-3, 102-3, 160
Impressionistas franceses, 38
Incorporação, XII, 29, 42, 81, 166, 176, 179, 181-3
Indulgência papal, 140-1, 162
    teoria da, 140
Inocêncio III, papa, 137-9, 142, 94, 114
Invenção, X, 14, 25, 75, 124-5, 169-70
    mistificação da, 170

J
Jansen, C., 149-50
Jefferson, T., 152
Julesz, B., 24, 39
Jung, C., 173

K
Kaiku, R., 80
Kant, 151-2
Kepler, J., 149-50
Kripke, S. A., 21
Kroeber, A. L., 171

L
Lanfranco de Cantuária, 142
Lateralidade neocortical, 177-8, 181, 184

definida, 177n
e a cultura, 178
invertida, 178n
necessidade de neotenia para,
184-5
Leibniz, G. W., 170
Leon-Portilla, M., 126
Lévi-Strauss, C., 172
Linguagem, XI-XII, 9-10, 30, 169
"origem" da, 25
pensamento incorporado, 180,
183
redundância na, 25
Lollardos, 143
Lovejoy, C. O., 182
Lutero, M., 146-8, 150-1, 153,
174

M
MacDonald, A. J., 133
MacLean, P. D., 178
Macrocosmo, 20-3, 28-34, 66, 72,
77, 87-8, 166-7, 176, 180-6
"trilha" como, 28
Magalhães, F., 146
Maria Teresa, 141
Marx, K., 155-6
Matemática, XIII, 10, 17, 25, 108-
9, 116, 177
Mauss, M., 49
Mead, M., 171
Mediação, IX, XII, 23, 32-3, 41-
2, 53-4, 64-5, 68, 70-5, 107,
114, 128-30, 136, 142, 144,
147-9, 160-1, 167-8

Mendelssohn, F., 35
Metáfora, IX-XII, 6-16, 66, 69,
75, 77-9, 96-100, 105
e modelagem, 14-5
enquadrante, 10-1, 14-5, 79,
88, 96
glosa da, 6-8
matemática, 10
no ritual, 96-100
Microcosmo, 19-23, 26-30, 48,
66, 72, 87, 100, 166-7, 176,
180-6
Mito, 163, 169, 172
da maldição de Souw, 88-90,
96, 98, 107, 112
daribi da vida, 46
de origem, 77
temporalidade do, 107-8
Modelagem, 14-5, 163
dos fluxos analógicos, 60-3
na ciência, 13
Montesquieu, 141
Morgan, L. H., 45
Mozart, W. A., 36, 152
Muller, M., I
Mumford, L., 122-3
Munn, N., XIII, 27-9, 31

N
Não-não, 64, 66, 84, 87, 89, 104,
147-8, 158-9
Neocórtex, 176, 178-80, 182
Neotenia, 184-5
tropo da condição humana, 184
Newton, I., 138, 150, 153

Símbolos que representam a si mesmos

Nietzsche, F. W., 156, 171

Nomeação, 19-23, 35, 40-1, 166-7

O

Obviação, XII, 66-7, 79, 112, 113, 127, 152, 163
  avançada pelo fluxo analógico, 90
  cancelamento da, 54-5, 69, 107
  como matemática qualitativa, 107
  como percepção, 52-3
  da obviação, 126
  descrita, XII, 16, 43-4
  e estruturalismo, 172-3
  e o tropo de segunda ordem, 89
  e relativização, 56-9, 61
  no ritual, 96

Ong, W. J., 4

Ordens (poderes) do tropo, XI-XII, 165-8
  definidas, 166
  e a obviação, 89
  tropo de segunda ordem, 166, 170
  tropo de terceira ordem, 166-7, 183-4

Ortografia, 27

P

Paradoxo, XI-XII, 16, 72, 105

Percepção, 16, 24, 32-3, 38-9, 54, 73-5, 112-3, 115, 122, 165-70, 176-83
  cérebro como órgão da, 179

  como função "natural", 23
  e condição de vida total, 179
  necessidade do corpo da, 169, 183
  sentido como, 24

Pluralidade, 115-6, 122, 146, 155-6, 163

Ponto de referência simbólico, 24-5, 34, 41, 67, 104, 163, 167
  definido, 4

Porée, G. de la, 137

Puritanos, 37, 149

Q

Quarto Conselho de Latrão, 136-7, 139, 142

R

Radberto, P., 133-4, 137

Ramée, P. de la, 4

Referencialidade, XII, 12, 166, 168

Relações de Parentesco, 69, 74-5, 78, 89, 107, 127, 155

Relatividade, do coletivo, individual, 168
  cultural, 7, 73, 155, 166, 173
  dos sistemas de coordenadas, 6-7
  em Shakespeare, 174
  física, 155
  interna, 6, 12, 173-6

Relativização, na obviação, 56, 59-62, 65-6, 73-4, 82-3, 101-3, 156

Relógio, como máquina arquetípica, 122-3
  como concepção espacial, 114-5, 119, 146
  tempo do, 109
Reversibilidade, 43, 165-6, 176
  o tropo da, 166
Ricoeur, P., 4, 6-7
Ritual, 96, 101, 131
  como metáfora da metáfora, 96
  e nesciência, 104
  e relativização, 103
Robespierre, M., 152
Russell, Bertrand, 11

S
Sacramento (eucaristia) cristão, 127-34, 159-60
  da produção, 155
Sahlins, M., 49
Sapir, E., 169
Saussure, F. de, 17, 32, 35, 168
Savonarola, 37
Schechner, R., 64
Schneider, D. M., 105, 127, 130-2, 155
Schopenhauer, A., 168
Semiótica, X, 4, 6, 14, 35, 121, 168-9
  como ciência, 5n
Sennett, R., 2-3, 125, 157, 175
Sentido, IX-XI, 4-6, 14-5, 26, 32-3, 66, 104-5, 114, 166-7, 173, 180
  como mudança de percepção na obviação, 83
  como percepção, 24, 112
  do ato produtivo, 156

linguística do, 4
Sexualidade social, 182-3
  definida, 182
Shakespeare, W., 9, 38, 159, 170, 174-5
  e a relatividade, 174
Signos, X, 13, 16-7, 24-5, 32, 35, 40, 144, 168-72
Símbolo nuclear, 16, 105, 127-34, 154, 159, 162-3, 166, 173
  moderno vs. medieval, 142-3, 149, 159
  símbolo epitomizador, 155
Símbolos, 1-5, 13, 21, 124, 129-30, 176, 186
  nomes como, 19
Spengler, O., 126, 135, 171-3
Sperber, D., 13
Substantia, 137-47, 149, 153, 159
Suficiência feminina, 57-9
Summers, D., 170
Swedenborg, E., 153

T
Tempo, 107-26, 146, 163
  com percepção, 114
  diferenciação do, 107-14
  "estrutural", 109
  figurativo, 111
  literal, referencial, 116-21
  orgânico (mítico), 107-8, 111-3, 117, 119-20
  presença do, 111
Transubstanciação, doutrina da, 137-9, 144, 147, 156, 159-60
Tropo, IX-XII, 6-8, 12-3, 17, 33, 40, 42-4, 46, 67-9, 75, 89-90,

Símbolos que representam a si mesmos

104, 113-4, 117, 119, 121,
124-8, 138, 144, 146, 148, 153,
156-61, 165-8, 176, 184-6
"agora" como, 119
"domesticado", 122
época como, 113
não determinado, 159
Turner, V. W., XIV

V
Vaihinger, H., 12
Voltaire, 151-2

W
Walbiri, 27-8, 30
Washington, G., 152
Weber, M., 131, 161
Whitehead, A. N., 11
Wittgenstein, L., 4
Wycliffe, J., 127, 143-4, 146-7,
151, 156-7, 160

Z
Zen, XI
Zuckerkandl, V., 36

SOBRE O LIVRO

Formato: 14 x 21 cm
Mancha: 23 x 44 paicas
Tipologia: Venetian 301 12,5/16
Papel: Off-white 80 g/m² (miolo)
Cartão Supremo 250 g/m² (capa)
1ª edição Editora Unesp: 2017

EQUIPE DE REALIZAÇÃO

Edição de texto
Silvia Massimini Felix (Copidesque)
Tomoe Moroizumi (Revisão)

Capa
Negrito Editorial

Editoração eletrônica
Eduardo Seiji Seki

Assistência editorial
Alberto Bononi
Richard Sanches